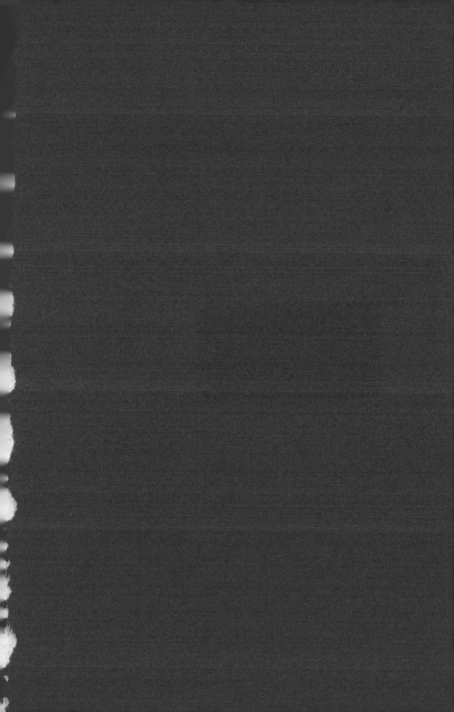

自己資金を抑えリスクは少なく
将来の安定収入を得るための
不動産投資術

検証 アフターコロナも安心!?

トラスティーパートナーズ㈱
代表取締役社長
関野大介

発行 TC出版 発売 万来舎

はじめに

２０１９年冬に発生した新型コロナウイルスは世界的なパンデミックとなりました。本書執筆時点の２０２１年７月現在で「第５波」と呼ばれる５回目の感染者数増加の波を迎えています。ワクチンの接種拡大により、いずれ感染まん延状況がおさまるだろうと思いますが、コロナ対策で疲弊し、停滞した一部の経済活動が今後どのように回復していくか、あるいは停滞したままなのかは未知数です。

そんな先行きの見えないなか、投資を考えてよいものでしょうか。なかでも不動産投資に向いたタイミングなのでしょうか？

本書は、多くの日本の皆さん、特にサラリーマンの皆さんが抱いているそんな不安や疑問に対して、私なりの考えを述べて、皆さんの人生の設計図の中に「投資」という選択肢を加えていただきたいという想いで著したものです。

結論を先に言いますと、不明瞭な未来を憂えるなら、資産を増やして未来の生活に安心をもたらすための投資を今こそ実行すべきだと考えます。一方で、お金を儲けるための投機的な、リスクの高い投資は慎重に考えるべき時機だと思っています。預貯金の金利が少しも上がらないなかで個人の資産を守り、少しでも増える方向にもっていくことは、先の見通しが不明瞭な時代であればこそ、重要な生活防衛策になると私は考えているのです。ただし、これまで投資の経験がない方には、往々にしてリスクを正しく捉えておられない場合が多いことも、多くのサラリーマンや会社経営層の方とお話ししていて強く感じるところです。私は特にそのような方に向けて、「ワンルームマンション投資」をお勧めしています。特に首都圏の投資用ワンルームマンションは、年収５００万円程度以上の収入がある方にとって、最も安心できる投資対象だと考えています。

いったいなぜそんなことが言えるのかを、本書では解き明かしていきます。

投資に詳しい経済アナリストの方との対談から始め、コロナ禍以前から続くデフレ傾向とコロナ禍を機に変化する社会と経済の予測、そこから導かれる将来の生活へのリスク、そしてそのリスクを最小限にするために、いま何をすべきかを述べていきます。

さらに、そもそも投資とはどのようなものなのか、さまざまにある投資対象の選択肢の中で、不動産投資はどのような位置づけになるのか、さらに、不動産投資のなかでも「ワンルームマンション投資」が最も安全で、将来にわたる安心を得やすい方法であることを、どなたにもわかりやすいように解説していきます。また、投資そのものには必ずリスクを伴いますから、そのリスクを最小限にするためのヒントも織り込んでいます。

不動産投資には大きく分ければ二つの投資の仕方があります。一つは将来の地価やエリアの人気度などを見越して、いつか高く売れる物件を購入して、絶好のタイミングで売って売買益（キャピタルゲイン）を得るやり方です。上手に行えば短期間で大きな利益を得ることができますが、不動産価値が思いどおりに上がるとは限りませんし、何らかの外的要因で極端に価値が下がることもありえます。１９９８年頃のバブル時代に、土地は価値が上がり続けると考えた投資家が、不動産が実際の価値よりも高値になっているにもかかわらず無理に購入した結果、バブル崩壊直後にたいへんな苦境に陥ったことは、40代以上の方にとってはまだ記憶に鮮明に残っているのではないでしょうか。経済バブルのような極端な経済変動を想定しなくても、常に同じようなリスクがあることには留意しなければなりません。

もう一つの不動産投資の仕方は、不動産を購入して貸し出し、借り手が支払う家賃から利益を得る（インカムゲイン）やり方です。これは短期間に大きく収益を上げることはできませんが、長期間にわたって、少しずつ利益を生み出していくことができます。最終的には購入金額をはるかに上回る累計収入を得られる可能性が高く、銀行などからローンの形で融資を受けて買った場合でも、家賃から徐々に返済していくことができ、全額を返済し終えたあとにも毎月収入を生み出す収益不動産物件が残ります。物件の寿命が尽きるまで継続的な収入が入り続けるわけです。場合によっては、子どもや孫の代にわたって収入が上げられることもあります。

将来を見越すのはますます難しい時代ではありますが、だからこそ生活の安定のために、リスクは少なく、継続的な収益を得られる不動産投資を考えるのが賢明だと私は考えます。

預貯金のほうが安心できるのではないかという考え方ももちろん正しいと思います。しかし銀行に預け入れたお金の金利は普通預金で0・001パーセント、定期預金で0・002パーセントといった低水準が続いています。2500万円預けても普通預金なら1年に2万5000円しか利子がつかないことになります。それでもいつでも引き出せるお金があることは重要ですから、できれば毎月の収入から一定額以上を預金したほうが安心です。そのうえで投資を考えるべきだと思います。

でもそれでは投資できるお金がなくなるではないかとお考えかもしれません。大多数の投資対象ではそのとおりで、余剰資金が十分になければそもそも不可能です。しかしワンルームマンション投資は違います。極端に言えば自己資金がなくとも始められるのです。

売買益を目的とせず、あまり大きな自己資金も使わず、リスクも少なく抑えられ、将来的に安定した収入が得られる不動産投資が、私がお勧めしているワンルームマンション投資です。

冒頭で「不動産投資に向いたタイミングなのか」という疑問を提示しましたが、実際には東京および近県のワンルームマンションに「買い時」はありません。あなたが将来の生活を考えて安心できる資産を持ちたい、不安をなくしたいと思い始めたときこそ、あなたの「買い時」です。あなたの人生設計の中の一つの選択肢として投資を組み込み、将来への安心を担保しながら、仕事や生活に積極的なチャレンジをしていただけることを願っています。本書を購入し、読んでいただく時間を、そのための最初の投資とお考えいただければ幸いです。

トラスティーパートナーズ 代表取締役社長　関野 大介

もくじ

第2章　生活不安に立ち向かうための投資とは

第3章　バランスシートを活かしたワンルームマンション投資

第4章　ワンルームマンション投資に失敗しないために

巻頭対談

ワンルームマンション投資のリスクとメリット

経済アナリスト
馬渕 磨理子

×

トラスティーパートナーズ 代表取締役社長
関野 大介

馬渕　トラスティーパートナーズさんは不動産投資会社のなかで異色の存在だとうかがっています。どんなところが他の会社と違うのか、まずそこからお聞かせいただけますか？

関野　多くの不動産投資会社は、飛び込み営業や広告営業を通して物件を販売することを目的とされていますが、弊社ではお客さまとのより深い関係を積み上げさせていただき、お客さまを一過性のお客さまとしてではなく、弊社の代理店となるパートナーという関係になっていただくことに注力しているのが大きな違いだと思っています。

もちろん、不動産の販売や物件の管理からの売上が主な収入源となるのですが、お客さまへのご提供のフェーズにおいても、多くの不動産投資会社が行っている物件ありきの営業活動をしていないところが特徴の一つです。例えば、いわゆる「アポ電」の営業や飛び込み訪問のような営業スタイルを弊社ではとっておりません。弊社のお客さまを「会員」として、会員の皆さまとの交流の中で不動産取引を広めていく、業界では非常に珍しい会員制の不動産投資会社として事業を展開しています。

馬渕　会員制とは確かに珍しいですね。不動産投資会社からの営業の電話は今でも多いみたいですが、それとは異なる営業スタイルなのですね。

関野　以前は「アポ電」がもっと多かったと思います。私が不動産業に対して興味をもったきっかけも、私に売り込みをかけてきた不動産投資会社の電話営業だったのですが、ひと昔まえの不動産投資会社の営業担当者のイメージは酷かったように思います。失礼な話ではありますが、私が当時にお会いした営業担当者の方も知的な感じはなく、ひと通りの最低限の不動産投資の説明や薄い金融の投資知識はあるにはあっても、書店に並ぶ不動産投資の参考書レベルの話ばかりで、私にはありきたりなことばかり言っているように思えました。

当初、私が聞きたかったのは、現在の社会保障や保険制度から考え、私の現状から何が足りないのか？　何が課題なのか？　というプロフェッショナルの方から見た見解や、財務的な収支バランスをどう取るのか、企業でいうバランスシートの健全性を保ちながら何にどのように投資するのか、つまり資産運用の選択肢といった大枠の上で、その中の一つとしての不動産という選択肢についての具体的な話だったのですが、それについてきちんと話してくれる人はいませんでしたね。

それでも不動産投資の面白さに気づかせてくれたので感謝はしていますが、やはり不動産業界によい印象は持てませんでした。そんな悪い印象は、私ばかりでなく社会の多くの方々が抱いていたと思っています。不動産投資会社といえば、昼夜問わず、勤務先や携帯電話に電話してきては面会を迫ったり、こちらの都合を無視して訪問営業を求めたりしてきます。迷惑な人たち、という印象をもっている人が今でもたくさんいらっしゃると、多くの方とのお話を通してうかがいます。不動産は人に迷惑をかけ続けながら売るものなのだと、その頃は思っていました。

馬渕　不動産業界に今でもそんなに悪いイメージがつきまとっているのですか？

関野　以前ほどではないですね。不動産業界全体にコンプライアンス重視が求められている動きもあり、強引な営業は少なくなったように感じます。私どものようなワンルームマンションを主とした不動産投資会社は全国で４００社を超えているみたいですが、そのような不動産投資会社でも、いまだに多くの会社が、まだまだ電話営業や訪問営業に頼っているようです。以前は街頭での名刺交換を営業トレーニング（兼情報収集）に使っている不動産投資会社なども出てきて社会問題やニュースになったこともありました。

馬渕　そのような業界で、トラスティーパートナーズは独特なステータスを獲得しているように見えます。

関野　弊社では先ほど申し上げたように、選択する物件も大切な要素の一つではありますが、物件ありきの営業活動がないのが特徴です。物件販売を主体とするのではなく、お客さま一人ひとりとの関係構築の上で、お話を通して人生設計の上での潜在的な課題を見つけ、結果的に多種多様な投資選択がある中で、お客さま自身が不動産投資という選択肢を選びたいと思ってくださった方にのみご提供させていただいております。お客さまと良い関係を築き、人とのネットワークから弊社独自の大きいコミュニティをつくることを大切にしています。

そもそも、日本人は投資や資産形成に対するリテラシーが残念ながら低いように思います。その結果、知識不足につけこんだ、お客さまに損をさせるような強引な営業が横行した時代があったのだと思っています。

私はB／S（バランスシート）を意識して、どのように資金を調達して何にどのくらい投資するとどんなリターンがあり、どんなリスクがあるのかといった、戦略的な観点から資産運用・投資の考え方や知識をお客さまと共有することが、物件を紹介するよりも大切なことだと考えています。多くのお客さまは、年金や老後資金など将来の生活について漠然とした不安を抱えておられます。その不安は個人資産を安心できるレベルまで増やしていくことで解消されることが多いでしょう。そのために、弊社では個人のB／Sを活用しながら、金融機関から融資という資金調達を受けつつ、最低限のリスクで将来不安を少しでも解消できるお手伝いをさせていただいています。

最低限のリスクで運用できる投資対象＝ワンルーム

関野　不動産投資にはいくつもの選択肢がありますが、弊社が主に取り扱っているのはワンルーム（１Ｋ）マンションとなります。現在、Ｊ－ＲＥＩＴ（不動産ファンド）の８割超が住宅系のワンルームやコンパクトマンションで構成されているように、住宅は投資に向いた対象だと言えます。その中でもワンルームは一番リスクが低い投資対象になっています。投資の初心者でも、金融機関から場合によっては購入金額のほぼ全額を借り入れで賄うことができ、非常に安定した利回りで運用できる特徴があります。この特徴はＪ－ＲＥＩＴ投資にはないものですね。

この領域は、投資を学ぶうえで絶好の材料なのではないかと思っています。不動産投資はもともと、自分の将来の生活を見越し、現在の生活を見直したうえで行うべきものかと思いますが、そうしたプライベートな部分も含め、不動産投資の具体的な方法、あるいはバランスシートの考え方などを、お客さまに寄り添ってともに考え、専門性を生かしたアドバイスをしていくのが私どものやり方です。

実際には、馬渕さんのようなアナリストの方や、金融機関にお勤めの方、特に投資銀行の方もお客さまに多くおられます。金融機関でお勤めされている方々はもとより経済観念やバランスシートの考え方もしっかりとお持ちになられている方が多いため、話が早く進みますね。そうでない方ももちろん多くいらっしゃいますが、お付き合いの中で視野を広げていただき、最終的にご理解いただけることがほとんどのように思います。私どもはお客さまの投資や資産運用のリテラシーの度合いにかかわらず、お客さま自身が将来を見つめ直していただけるように、視野を広げるきっかけをつくることが役目だと思っています。

こうしたやり方には「アポ電」や飛び込み営業は必要ありませんね。お客さまと私ども、あるいはお客さまとお客さまとの関係性や絆を深めさせていただくことで、弊社のファンになっていただき、そのファンのネットワークが広がっていくようにする方が重要だと考えています。弊社では「会員制」という形態をとっており、他の不動産投資会社のような営業スタイルをとらないかわり、取引前のコミュニケーション、取引後のフォロー、アフターサポートに注力しています。

馬渕　社名の「トラスティーパートナーズ」にも、そうした姿勢が読み取れますね。

関野　私もサラリーマン時代は、不動産投資の業界におりました。今のようなプル型ではなく、社会的に嫌悪されるプッシュ型の営業を主にする不動産投資会社でした。取引を成立させることに躍起になり、興味関心のない方にもパワープレイで興味を持っていただくように商談を進めるやり方でした。今思えばお客さまに失礼も多くあったかと思いますし、営業活動自体もとてもストレスの高いものでした。その痛い経験と反省をもとに、自分自身が理想とする業界では珍しい会員制の不動産投資会社を創業しました。日ごろから弊社に信頼を寄せてくださっているお客さま・金融機関さま・お取引先さま、ともに働く従業員の支援もあり、おかげさまで弊社も第8期目を迎えており、グループで約60億円を超える規模への成長に至りました。

ワンルームマンション投資は手堅い資産運用法

馬渕　不動産投資の利回りは、物件の種類によってはかなりブレるものもありますが、なかでもワンルームマンションはあまり大きなブレもなく堅実な水準を維持しやすいみたいですね。経済状況などの外部要因で影響を受けにくい投資対象でリスクが少ないところから、投資に取り組み始めるには適切な対象のようですね。

関野　ワンルームマンション投資をご提供させていただく際の利回りの水準はこの直近で約20年間ほとんど変化していません。以前はワンルームマンションの価格は安く、金融機関さまからの金利が高い水準でしたが、現在では価格は高騰しておりますが、金融機関さまからの金利が低い水準です。価格と金利が連動して動くので、購入したお客さまにとっての利回りは比較的同じ水準を維持していきます。不動産投資用の住宅ローンはパッケージ化されていますから、利回りは大きく変わらないと思ってよいでしょう。

馬渕　ワンルールマンション投資だと利回りのブレが少ないのですね。もっと大きな物件だとどうなのでしょう。

関野　ワンルームマンション投資における入居者のターゲットは単身世帯となりますが、1DK以上の少し広いタイプのお部屋でももちろん単身世帯が入居されることもありますが、主に核家族世帯がターゲットとなってきます。現在の総務省の国勢調査から見ても日本全国の人口は減少し続けているなか、47都道府県の東京都および神奈川県が過密しており、その地域では人口が増加している現状にあります。東京都および神奈川県の世帯数の構成としては、単身世帯は増加し、核家族世帯は減少している現状です。その観点から長期的に、かつ安定している需要（単身世帯数）と供給（ワンルームマンションの数）を維持しやすいのはワンルームマンション投資であると考えています。

馬渕　なるほど、ワンルームマンション投資というマーケットに重心を置いて事業展開しておられるのは、需要と供給の観点からも最小限に抑えられるリスクと安定した利回りがお客さまに提供できることで、受け入れられているからなのですね。

個人のバランスシートで資産状態をしっかり把握したうえで、不動産物件にうまくレバレッジを効かせれば、自己資金が少なくてもよい物件が手に入るというのがさらに良いところなのでしょうか。

関野　弊社は取り扱う物件を、東京中心に首都圏のワンルームに限っています。このエリアは、物件の供給数が限られている一方、単身世帯数の増加が多いのが特徴です。

東京に限れば、供給数は約３０００部屋に対して、単身世帯数の増加数は毎年万単位となっているのです。常に需要が供給を上回っており、需要が枯渇することが少ないと考えております。

また、Ｊ－ＲＥＩＴにおいてもワンルームマンションやコンパクトタイプが多くを占めていて、不動産投資として一つの選択肢ではありますが、物件が自分のものになりません。

ワンルームマンション投資だと、その部屋は自分の所有となりますので、適切な時期に売却の選択も取れ、そのまま賃貸に出し続けるという選択肢も取れます。場合によっては、ご自身やご家族が住むという選択肢もあります。融資の返済が終わったあとも、そのマンションに価値があるため、その点が他の投資選択と大きく違うところではないでしょうか。

なお、ワンルーム投資での融資の金利が仮に2パーセントでも、運用利回りが5パーセントなら、イールドギャップ（投資利回り─借入金利＝不動産の収益性を表す数字）は3パーセントくらいになりますよね。この数字を低いと見るか、高いと見るかは人によります。これが2パーセントでも高いと思える人なら、不動産投資に向いていると思います。投資するとなると、利回り5パーセントでも高くないという人もいますが、そうした投資対象にはそれなりのリスクもあります。不動産投資の場合は、利回りはたいへん手堅いところが特徴です。そこはマインドチェンジ、パラダイムシフトを促して、不動産投資をリスクが低い一つの投資の選択肢として認知していただくことが必要だと思っています。

馬渕　バランスシートを把握してレバレッジを効かすといっても、実際にはそれができる人とできない人がいますよね。例えば大会社の正社員であれば好条件で融資してもらえるとか、何か条件的なものがあるのでしょうか。

関野　だいたい10人中4人が融資対象となる印象です。金融機関が融資してくれるイメージとしては、年収が約500万円以上の方が対象となるイメージです。日本の就業人口における年収の統計を見ると、平均年収が約420万円のため、投資選択として選択いただける水準もあるのです。ただしその中で水準以上の方でも選択が難しい方もいます。転職を繰り返すことで勤続年数が短い方、すでに与信の上限に達している人、消費者金融や審判会社などのお借入れがある方、信用情報に延滞履歴のある人、健康状態が損なわれている人（団体信用保険に加入できない）などは除外されます。ですので、私どものお客さまはかなり限られてしまいます。

馬渕　条件から外れる方々は最初からお客さまから除外されるのですね。お客さまになれる人はかなり絞られることになりますね。

関野　住宅ローンが組めない方、団体信用保険に加入できない方に対しては、どんなにこちらがお取り引きしたくても、現金取引でない限りはできないのです。ですので、私どものワンルームマンション投資のサービスの集客においては、飛び込み営業はとても非効率なのです。無意味な営業活動における販管費は提供価格に乗せなければなりませんから、お客さまの満足度だって上がりません。

馬渕　なるほど、広い海の中で獲物を探しているような従来の営業スタイルでは確かに効率が悪いですよね。最初にお客さまと知り合う時点から、他の不動産投資会社のやり方とは違っている。だからターゲットを精度高く絞り込んで交流ができて、営業効率がいい。コストも低くできることでお客さま満足度を追求できると。

関野　お客さまがお客さまに弊社の存在を広げてくださるので、新規のお客さまでもどのような会社で、どのくらいのご収入なのか、勤続年数はどのくらいかなどといった情報をあらかじめ入手することができます。事前に融資対象となる方かどうかや、人となりがわかった状態で直接知り合わせていただくことができるので、これは非常に話が早く進みますね。弊社の仕事の時間効率、生産性が上がるということは、物件の提供水準、サービス提供における品質水準を上げることにつながります。

馬渕　その観点をもっている会社は他にもあるのでしょうか。

関野　とても大切なことではありますが、1戸あたりの利益とか、物件の所在地とか、そんな話ばかりですね。理念はもっていても、ブランディングや、マニュフェストに賛同してもらえるマーケティングには取り組んでおられない印象です。少し弊社とはお客さまの層が違っていて、まだ営業を受けていない人を探している、いわばブルーオーシャンを探している会社が多いかもしれません。それに対して弊社は、何度も何度も営業をかけられてきたお客さまを相手にしています。レッドオーシャンにあえて飛び込んでいくスタイルですね。とにかくお客さまに気に入ってもらえるかどうかが営業のポイントです。関係構築から始めていく手法が、間接的なようでいてとても有効なのです。

なお、弊社の収入は物件販売の利益と、賃貸管理業務の利益が主なのですが、そのうちストックフィーに当たる部分、つまりお客さまの購入後のサポートやサービスに重点的に力を注いでおり、お客さまの流出を防いでいます。お客さまとの関係性を維持するなかで、ときには物件売却などのキャピタル型の取引についてもお引き受けするという形の仕事も生まれます。

生産性の高さが「働き方」をホワイトにする

馬渕　人が肝心ということですが、従業員に理念や方法論が浸透していないといけませんね。

関野　実は、会社の従業員数規模はどのくらいがよいのかを、業界の上位企業20社、下位企業20位について、売上高、販売件数、販売している人数、戸あたり利益などを全部調査し、どの経営状態が利益が上がっているのか、リスクが低いのかを分析したことがあります。その結果、私のキャパシティでは、60人から80人くらいの社員数が適切だと判断しています。そのくらいの人数であれば、理念や方法論を浸透させることは難しくないのではないかと考えています。

また従業員に関しては、離職者が少ないことが、この業界ではとても珍しいのではないかと思います。これには販売件数に厳しいノルマを強いていないこと、土日祝日完全休みで残業もほぼないことが効いているのかと思います。有給休暇消化率も6割を超えていますから、なかなかのホワイト企業だと自負しています。

馬渕　不動産投資会社で厳しい販売ノルマがないなんて驚きです。どうしてそこまでホワイトな会社になれるんですか。

関野　やはり生産性が高いからでしょうね。一般に不動産業界で30件成約するのに60人分の人件費がかかるのですが、弊社では8〜10人分の人件費で十分です。生産性が6倍以上あるんですね。これはお客さまとのエンゲージメントの深さによるものだと思います。ただし販売にこれからますます力を入れていくというよりも、ストックフィー型の収益を大事にしたいと思っています。管理する不動産の数が増えてきましたので、そちらの比重のほうが今後は高まっていきます。最近ではストックフィーが少しずつ積み上がってきました。ストックフィーはあまり経済状況などの影響を受けないので、リスクが少ない、つまりつぶれない会社を目指していきたいと思っています。理念の上での決算書の内容を積み上げることと成長意欲を語らないと、銀行には不評なんですけどね（笑）。

コロナ禍に際して変わったことは？

馬渕　コロナ禍で株式投資意欲は高まっていました。不動産のほうではオフィスの需要が減ったのかなというイメージはありますが、御社ではどんな対応をされましたか。

関野　会社としては抗体検査とPCR検査を定期的に福利厚生の一環として提供することにしました。それ以外ではリモートワークが柔軟にできるようにしました。これは従業員各自の判断でオフィスワークと使い分けられるようにしたものです。もともと弊社では「電話は悪だ」、相手の手を止めてしまうものだという価値観でしたから、社内はもちろんお客さまともSNSなどやオンライン会議でコミュニケーションを行いました。また弊社は国土交通省が指定するオンライン売買契約の許認可を受けており、直接対面しなくとも売買契約が可能となっています。

ですから弊社の場合はコロナ禍でもあまり変化はなかったのですが、不動産投資への関心は、他の投資対象と同じように高まったのではないかと思います。でも、プッシュ型の営業、つまりアポ電や訪問重視の営業を主にしていたら業績を落としていたかもしれません。

「売りたい時に売れない」不安も解消、短期間で売却

馬渕　さて、不動産投資では「売りたい時にすぐに売れない」ことが弱点だと言われることがあります。その欠点を補ってくれるのがＪ－ＲＥＩＴですが、やはり物件を所有したいという人は多いのではないかと思います。これが現物の不動産への投資の不安ポイントだと思いますが、これについて何か手は打たれているでしょうか。

関野　不動産は一般に買い手がつくまでに長い時間がかかることがありますから、確かに困るポイントですね。投資に慣れた人なら、Ｊ－ＲＥＩＴもワンルーム投資も、他の投資

対象も投資ポートフォリオの中に入れて、リスク少なく利回りがそこそこ得られるように考えるとよいと思います。

ただ、弊社に限っては、「売りたい」不動産物件は短期間で売ることが可能です。会員の中で自己所有の物件を売却したいというメッセージをいただいた場合、別の会員でその物件を欲していそうな方を探し、マッチングさせることができるからです。また会員に限らず業界に多くのステークホルダーを有していますから、より広い範囲でのマッチングも可能です。時には売却に適したタイミングを会員の皆さまにアラートとしてお知らせすることもありますし、売却希望のお知らせがあれば、会員全員にアナウンスすることもできます。実績としてはほぼ全部の売却案件が、短期間で成立しています。

馬渕　売却までサポートしてもらえるとはまたも驚きです。これもお客さまのネットワーク、それも信頼感で結ばれたネットワークがあればこそのことですね。

関野　本当にお客さまありきの事業ですね。不動産や投資に関しては、私たちはいろいろなファクトを用意しており、お客さまの不安点や疑問点についてお答えできるように心がけていますし、お客さまの必要に応じて、物件のご紹介やシミュレーションの作成、適切な保険商品の選択のご提案、物件の売買、物件管理にかかわること、その他いろいろなご要望にワンストップでお答えできるスキルも鍛えています。豊富なお客さまという資産と従業員のモチベーションの高さが弊社の強みですね。

馬渕　本日は本当に素晴らしいビジネスモデルを教えていただき、ありがとうございました。ところで、お客さまのネットワークが、お客さまの間での紹介で広がっていくということは、紹介してもらう伝手のない人は御社のサービスを受けられないということでもありますね。この本を読んで御社を知った人はどうすればよいのでしょう。

関野　基本的にはお客さまのご紹介がなければ会員としてご登録させていただくことはできませんが、実は以前に上梓した第一弾の書籍（『ワンルームマンション投資の基本　秘訣は不動産投資会社選びだった』）を読まれた方々から、いくつものお問い合わせをいただきました。その際、読者の方に限っては特別にご相談を受け付けることにしまして、その方々のうち数名の方に不動産をご購入いただきました。本書の場合も同様に、ご相談のお引き受けをさせていただければと思っています。

対談者プロフィール

馬渕 磨理子（まぶち まりこ） 経済アナリスト

京都大学公共政策大学院 修士課程を修了。トレーダーとして法人のファンド運用を担う。その後、フィスコのアナリストへ。コメンテーター、連載を通してメディア活動を行う。フジテレビ、関西テレビ、BSテレビ朝日、ABEMA TV、日経CNBC、プレジデント、ダイヤモンド、日経クロストレンド、Forbes JAPAN、SPA!、ダイヤモンド、ダイヤモンドZAI、などでメディア活動。

▪フジテレビLive NEWS αレギュラー出演中▪Yahoo!ニュース公式コメンテーター

▪プレジデントオンラインの執筆記事は2020年の半年間で累計6000万PVを超え「日本一バズるアナリスト」と言われる。

▪書籍『5万円からでも始められる！ 黒字転換2倍株で勝つ投資術』（ダイヤモンド社）

第1章　コロナ禍で変わった世界と不動産投資

コロナ禍を経験したいま、ワンルームマンションは買い時なのか？

「まえがき」で触れたように、コロナ禍の影響からいまだ脱していない現在、果たして投資を考えるべき時期は今なのか、もし投資するとしても不動産は適切な選択対象なのかという疑問をお持ちの方は多いと思います。その疑問に対して、私は、繰り返しになりますが「ワンルームマンション、それも首都圏の物件は、将来に不安を感じたときこそ買い時（適切な投資のタイミング）」だと考えています。

なぜこんなことが言えるのでしょうか。実をいうと不動産業界に詳しい方なら今さら言うまでもないことではありますが、大都市圏中心に建てられているワンルームマンションは、そもそも「投資用」につくられた、投資用商品だからです。こう言っても、これまで投資にあまり関心のなかった方は、投資用商品とはどういうことなのか、ピンとこないかもしれません。少し、不動産投資とワンルームマンション投資について、簡単に説明しておきましょう。

不動産投資のキャピタルゲインとインカムゲイン

　不動産投資と聞けば、土地や建物を買って高く転売して大きく儲ける手段だというイメージをお持ちの方が今も多いのではないかと思います。不動産の転売に関しては多くの詐欺事件が発生していますし、土地価格が高騰した時代に起きた地上げ屋の跋扈《ばっこ》のような黒いビジネスの印象が一般に浸透してしまっていることを今でも感じます。特に１９９０年代のバブル崩壊のときには、不動産価格が暴落してたいへんな損害を被った会社や個人投資家も多くありました。もともと不動産はほとんどの人にとって人生でいちばん高額な買い物ですし、会社などの組織にとっては設備投資コストに非常に大きなウェイトを占め、大きな金額が動きます。そのため土地や建物を安く買って高く売れば巨額な儲けになることがあります。そのような利益のことを「キャピタルゲイン」と言います。キャピタルゲインを主眼とした不動産取引は、従来からプロのビジネスであり、豊富な資金と綿密な計算、正確な資産評価や収益予想が必要になります。つまり調査・分析・予測に優れた能力があり、売買の仕方や時機について十分なノウハウがあれば、多大な利益を得ることができますが、そうでなければ逆に大きな損失を生みます。これまで取引のプロであるはずの大きな不動産会社や一般企業などが収益を見誤り、経営の屋台骨を揺るがすような失敗をしてきました。プロでさえ難しい取引、しかも巨額な資金が必要なキャピタルゲイン目的の不動産取引は、とても一般の方、特にノウハウも資金も少ないサラリーマンの方に最初からお勧めできるものではありません。

しかし、不動産投資はキャピタルゲインを目的とするものばかりではありません。特にワンルームマンション投資は、マンションを買って、高く転売することを目的とするものではなく、買ったマンションを住まいとして提供し、毎月の家賃収入を得ることが目的です。このような利益のことを「インカムゲイン」といいます。インカムゲインは一度に大きな利益を得ることはできませんが、長期間にわたって安定した収入を得ることができます。しかも、ワンルームマンションであれば多くの場合、手続き費用などのための自己資金が数十万円あれば、残りの物件価格の全額であっても、金融機関から融資してもらえます。もちろん金融機関の審査を通らなければなりませんが、弊社の経験では年収が500万円以上の方で、企業などの安定したお勤め先で2年以上継続して働いておられる方、そして健康な方、これまでのローン不払いなどの信用状況の問題がない方であれば、資産額や手持ちの現金にかかわらず、マンション購入代金の全額を融資してもらえています。

キャピタルゲインを求める転売ビジネスはいわばギャンブルに近いと言うこともできます。価格が高騰すれば儲けが大きいのですが、価格が目論見どおりに上がらなければ大きな損を被ります。その一方、インカムゲイン目的の、不動産の運用から収益を得るモデルであれば、長期的に安定した利益が期待できます。弊社がお勧めするワンルームマンション投資は、このようなインカムゲインを求める方のための投資方法です。

なお、不動産はオフィスや工場などの物件であれ、住宅であれ、その他の目的の物件であれ、どれも土地や建物を利用することによって価値を生み出すことができるものです。現実的に社屋が存在しない会社は登記できませんし、住民票に記載する住所がなければ、国や地方自治体のサービスを受けることが、原則的にはできません。それは国や自治体による管理の都合という側面もあるかもしれませんが、仕事や生活のためには、土地や建物が不可欠だという常識があるからです。オフィスや店舗などは社会環境・ビジネス環境の変化の影響を短期間に直接的に受けるため、その価値は時と場合に応じて大きく変動しますが、住居用の不動産は、価値変動の程度は比較的軽く、またゆっくりと変化します。人の生活に不可欠な住居の需要は、人がいる限りなくなることはありませんし、その価値は長期にわたって安定して継続します。

なかでも、首都圏のワンルームマンションは需要が多く、供給は少ない状況が長年続いており、コロナ禍で多少は需要が減少するかもしれませんが、需要と共有のバランスでいえば、今後も供給よりも需要が上回ると予想しています。これについては後述します。

ワンルームマンションは自己資金ゼロでも購入できる

さて、不動産投資でよくある誤解の一つに「不動産投資は余裕資金が潤沢にある人だけができるもの」という思い込みがあります。キャピタルゲインを主眼にした投資ならそのとおりかもしれませんが、インカムゲインを主にした不動産投資は、実は自己資金が少なくても始められるのです。購入する不動産物件を担保にすることで、金融機関から多額の融資を受けることができるからです。特にワンルームマンションは、自己資金がゼロでも購入が可能です。そのからくりはこうなっています。

ワンルームマンションは、首都圏であれば2500万円を中心にプラスマイナス数百万円で売買されています。それほどの金額を金融機関が融資してくれるのはなぜでしょうか。実は、そもそも投資の対象となる、つまり売り物であるマンションは、買った人が他の人に貸して、毎月受け取る家賃を、融資返済に充てることを前提に建てられているのです。エリアや物件の設定されている賃料の妥当性を含めた上での利回りを勘案された上で査定していただきます。そのように査定された物件であれば、その物件を担保として、購入金額の全額、あるいは諸経費までも含めて融資（不動産ローン）が行われます。もちろんローン返済前に返済が不可能になった場合には、金融機関がマンションを差し押さえたり競売にかけたりできることになりますから、その面では購入者がリスクを負うことにはなりますが、毎月一定以上の収入があるサラリーマンの方なら、あまり心配はありません。金融機関も損をする可能性があると思えばローンは実行しません。弊社の実績では、上述のような条件をクリアできる方の場合はほぼ１００パーセント、提携銀行による購入金額全額のフルローンが実現しています。

ポイントは、融資条件となる年収や勤め先などの条件さえ満たしていれば、自己資金がゼロでもワンルームマンションが購入できるということです。購入したマンションを誰かに貸し出して、毎月の家賃収入から金融機関への返済を行います。このとき、当然ですがローン返済額には金利分が上乗せされます。金利は変動しますが、ワンルームマンションに関しては非常に安定していて、ここ数年は２パーセント程度を軸に上下している状況です。場合によっては４パーセント以上の金利をとる金融機関もありますから注意が必要ですが、家賃で返済額をまかなって余りあるように賃料を設定していれば、何の問題もありません。家賃と返済額との差額がマンションオーナー（購入者）の収入となります。

家賃収入と物件の価格のバランスがとれていないと収入が思うように入りませんから、購入する前に「利回り」は必ず確認しておく必要があります。利回りは、簡単に計算するなら「年間の家賃収入／物件の価格」で導き出せます。これは「表面利回り」と呼ばれます。例えば月の賃料が９万円の部屋を貸し出せば、１年で１０８万円の収入になります。物件価格が２５００万円なら、４・３パーセントの利回りだということになります。金融機関からのローン返済の金利が２パーセントだった場合は、２・３パーセントが収益になるわけです。1年で手元に57万５０００円が残ることになります。ただし、ワンルームマンションを経営するうえでの支出はローン返済額だけでなく、管理手数料・管理費・修繕積み立て金・固定資産税、火災保険料などの支払いが必要になります。そのような費用を差し引いた金額が、実質の収益になります。そのパーセンテージのことを「実質利回り」といいます。こちらの計算はケースバイケースですが、実質利回りは表面利回りよりも約１パーセント程度は低くなると考えたほうがよいでしょう。上述のケースでは年間で30万円程度の収入になるというイメージです。

詳しいワンルームマンション投資のシミュレーションは第3章で説明しますが、まずはワンルームマンション投資は、一定の年収条件などを満たした人なら、自己資金ゼロからでも始められ、フルローンを組んでも毎月一定の収入が得られる可能性があるということを押さえておいてください。なお、弊社のお客さまの中には、毎月1万円程度の赤字が出ても、ワンルームマンションを買いたいという方も多数おられます。毎月1万円支払っても、自分のマンションが手に入ることに価値があると考える方々です。２５００万円のマンションが月に1万円ほどの積み立てで自分のものになる、その差額は金融機関と賃貸入居者の方が支払ってくれると考えれば、よい買い物に違いありません。また、後述しますが、税金の負担を軽くすることもでき、団体信用保険に加入することで、生命保険の代わりとして利用することもできるメリットもあります。

要するに、ワンルームマンションは、建てられたときから、仮に全額を融資でまかなって購入したとしても、それを貸し出して家賃をもらえば数パーセントの利回りで運用できるようにできているのです。それはデベロッパーやオーナー、あるいは不動産取引業者の一存で価格設定されているのではなく、金融機関が査定して、無理のない範囲で運用できる投資用商品として実質的に認めた物件だからです。実際には、不動産業界と金融業界が協力し合ってつくり出している投資用のパッケージ商品が、投資用ワンルームマンションだということを、まずは認識していただきたいと思います。

コロナ禍を経ても安定収入が期待できるワンルームマンション投資

さて、このような特徴があるワンルームマンション投資ですが、現在はコロナ禍の真っ只中にあり、世界の常識が変化し、経済情勢も予断を許さないような時代になってきていることから、長期的な利益を狙うワンルーム投資の行く末を不安視する方も多いでしょう。

もとより、不動産業界と金融業界のプロ同士が手を組んだからといって、未来を完全に透視できるわけではありません。適正に算出・予想した運用計画でもどうしても現実との誤差がある程度は生じますし、予想外の出来事で計画を変更せざるをえないこともあります。何らかの要因で、思ったように賃借人が入居してくれなければ、当然利回りは下がりますし、物件価値を大きく下げるような被災があった場合も当初の予想どおりの収益に届かなくなるかもしれません。当然リスクはあります。それを理解して投資することが肝心です。ただし、他の投資商品に比較して、収益の急減が起きにくいのがワンルーム投資

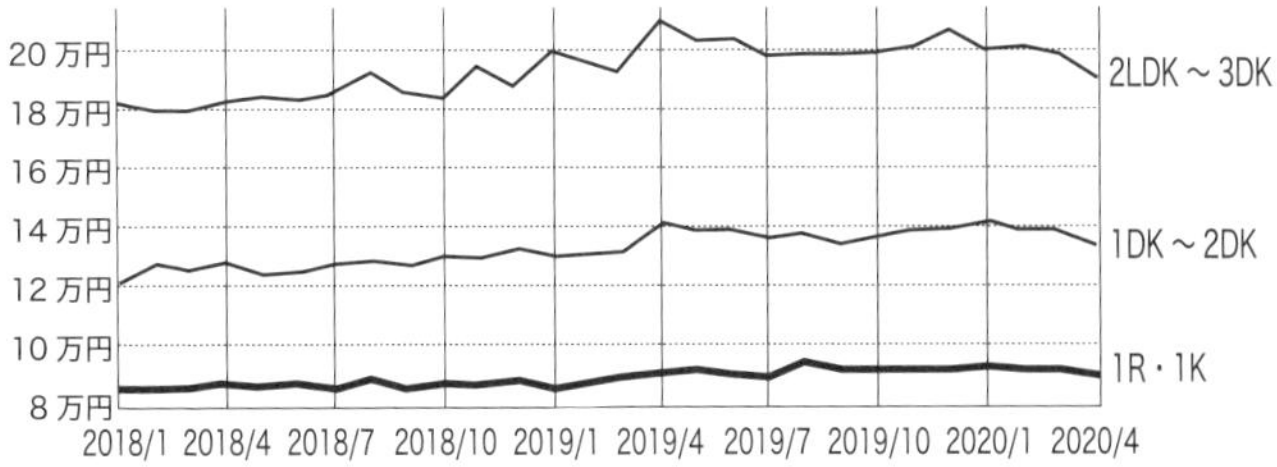

［図１］　東京圏のマンション家賃相場の推移（公益財団法人不動産流通推進センター「2021 不動産業統計集」のデータより）

のよいところです。リスクはあるにしても、他の投資商品よりもはるかに少ない、最も安定した投資対象であるところに注目していただきたいと思います。

家賃相場は長期的に安定して推移

安定した投資先であることは、［図１］を見ていただくと納得いただけると思います。これは、東京圏（東京・神奈川・千葉・埼玉）のマンション家賃相場の推移を表したグラフです。この10年間を通して、ワンルームマンションの家賃（一番下の折れ線）が他のファミリー向けマンションに比べても、ほぼ平坦になっていることに注意してくださ い。微妙に右肩上がりの傾向を示しながらもずっと一定のレベルを保っています。コロナ禍の影響を受けた２０２０年４月には若干下がっていますが、全体を見れば家賃相場は非常に安定しています。

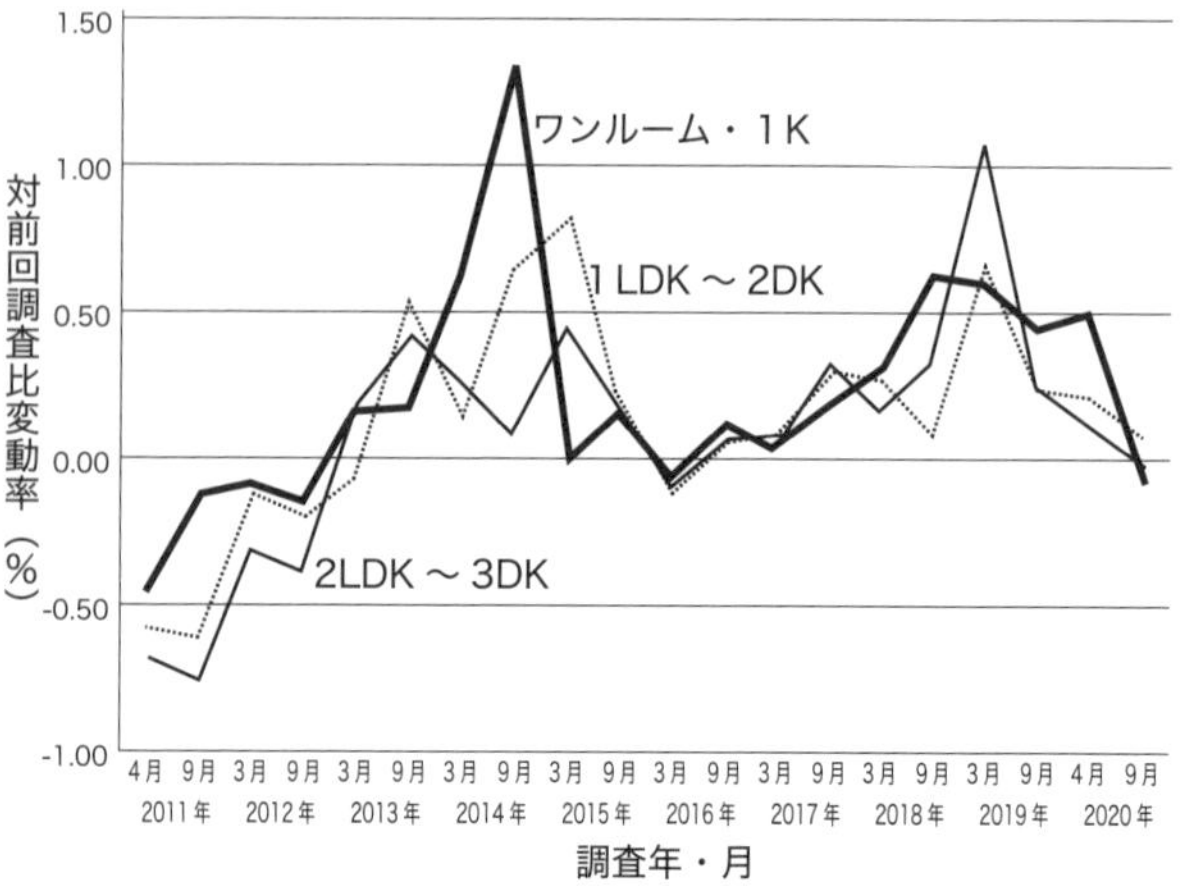

［図 2］　東京圏の賃貸マンション平均家賃変動率の推移（公益財団法人不動産流通推進センター「2021 不動産業統計集」データより）

〔図2〕は、東京圏の賃貸マンション平均家賃の変動率を示すグラフです。この図では一見すると家賃が大きく変動しているかに見えますが、数字を見てください。ワンルーム家賃は実際にプラス1パーセントから微妙にマイナスに振れることもあるという程度の変動にとどまっています。グラフの対象期間の後もコロナ禍が続いていますから、必ずしも統計期間後もしばらく同程度の変動にとどまるとは言い切れませんが、コロナ禍の影響は懸念したほど大きくなかったと私は感じています。ワクチン接種が現在急ピッチで進んでいますから、コロナ禍の影響からは遠からず脱するはずだと考え

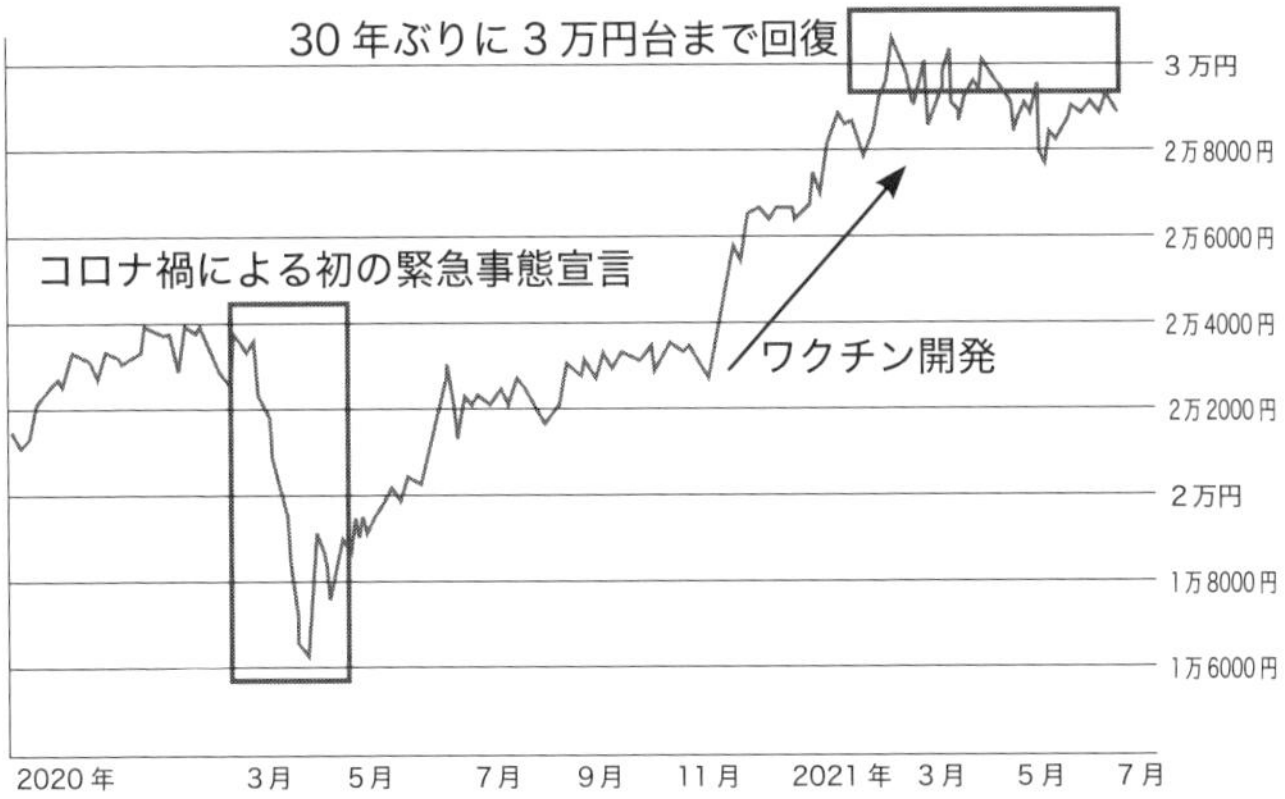

［図3］　日経平均株価の推移（Trading View データを加工）

ています。

経済活動の先行きを株価から見ると

経済活動も一時的には停滞しましたが、徐々に活発化していくに違いありません。不動産投資は1年や2年といったスパンではなく、数十年にわたる生涯のスパンで考えるものですから、長期的な傾向を見て、将来に備えるべきです。やがて経済状況が回復していくなかで、家賃は元どおりに長期的に安定した水準で推移すると考えるのが妥当です。

それを裏付けるデータの一つに株価の推移があります。［図3］は、コロナ禍発生から2021年7月までの日経平均株価の推移です。ご承知のとおり、株価は金利と将来の会社の業績の予想を主な要因として変動します。日本の長期金利はこの間ほぼゼロで変わっていませんから、株価の上昇トレンドは今後の経済活動の活発化の予想に基づくものと言ってよいでしょう。株式投資家は経済を見通すプロですから、その期待には理由があります。コロナ禍発生直後には大きく株価は下落しましたが、事態が落ち着きをみせた後には急速に回復したばかりでなく、さらに上昇傾向を見せており、２０２１年には１９９０年以来の3万円台を回復し、やや揺れはありますが、それ以前に比べて高水準を維持しています。この期間でコロナ禍は少しも収束する気配を見せていませんでした。株式投資家は、コロナ禍にもかかわらず、将来の株価収益率は高くなると踏んでいるようです。つまり、日本経済の底力に強い期待が寄せられていると考えてよいでしょう。

東京への転入超過状況の変化と単身者世帯の増加

ただし一方で、コロナ禍の影響により２０２０年の首都圏の住宅需要は2万６０００件を失ったという統計もあります。それにより家賃相場がいくらか下がったという分析もあるのですが、これは地方からの学生や新入社員が首都圏に住宅を用意することを一時的にやめたことや、首都圏への転勤などが見送られたこと、リモートワーク化により首都圏外への住居の移動がある程度はあったこと、さらに入国制限によって外国人の流入が減少したことなどが影響していると考えられます。

実際に、東京都は、日本全体の人口減少、少子高齢化が進行するなかで、１９９７年からずっと地方からの人口流入が増加して大幅な転入超過の状況が続いていましたが、２０２０年４月の緊急事態宣言発出後に状況が逆転し、転入超過数が大きく減少しました。そのトレンドは２０２１年も続き、同年４月時点では２０１９年に比べて82パーセントも減少しています。また、２０２０年７月以降の半年間は転出のほうが転入を上回る現象が起きています。一方で神奈川県や千葉県などでは転入者が極端に増えており、東京に住むはずだった人が東京を避けて住居を確保したり、東京の住まいを近県に移したりする人が増えたことをうかがわせます。

このトレンドが今後も続くかどうかは断言できませんが、リモートワークの一般化や働き方の多様化、在宅勤務制度の整備などがコロナ禍を機に急速に進んでいることから、完全に元のような東京への極端な転入超過状況に戻る可能性は薄いと考えたほうがよいかと思います。しかしコロナ禍が少しでも収束の兆しを見せてくれれば、これまでほどではなくとも、必ず東京への人口流入はまた増加します。事務作業が中心でリモートワークが可能だといっても出社をゼロにすることはできませんし、店舗や工場などで働く人は、その場に出向かなければ仕事になりません。企業の多くが東京や周辺県に集中して拠点をもっていることから、首都圏への人口集中傾向が見られなくなるとは考えられません。

また、首都圏に流入する人の多くが単身者であることにも注意してください。単身者世帯は東京では2000年に約40パーセントだったのが、2020年には約48パーセントに増加しています。その傾向はこれからも続き、2035年には約50パーセントに達すると予想されています（国立社会保障・人口問題研究所「日本の将来推計人口 平成24年1月推計」）。コロナ禍によりこの予想は多少修正されるかもしれませんが、大きなトレンドとしては、ワンルームマンションの借り手としての単身者は、首都圏では引き続き増加していくことは確かでしょう。

その一方で、東京のワンルームマンションの供給数は、近年ますます減少傾向にあります（［図4］）。新規建設可能なスペースがほとんどなくなっていることと、東京23区で「ワンルームマンション規制」が実施されていて、新規にコンパクトな単身者向けマンションがつくりにくくなっていることが主な理由です。

つまり、東京への人口流入の規模が今後は多少小さくなるかもしれませんが、基本的に

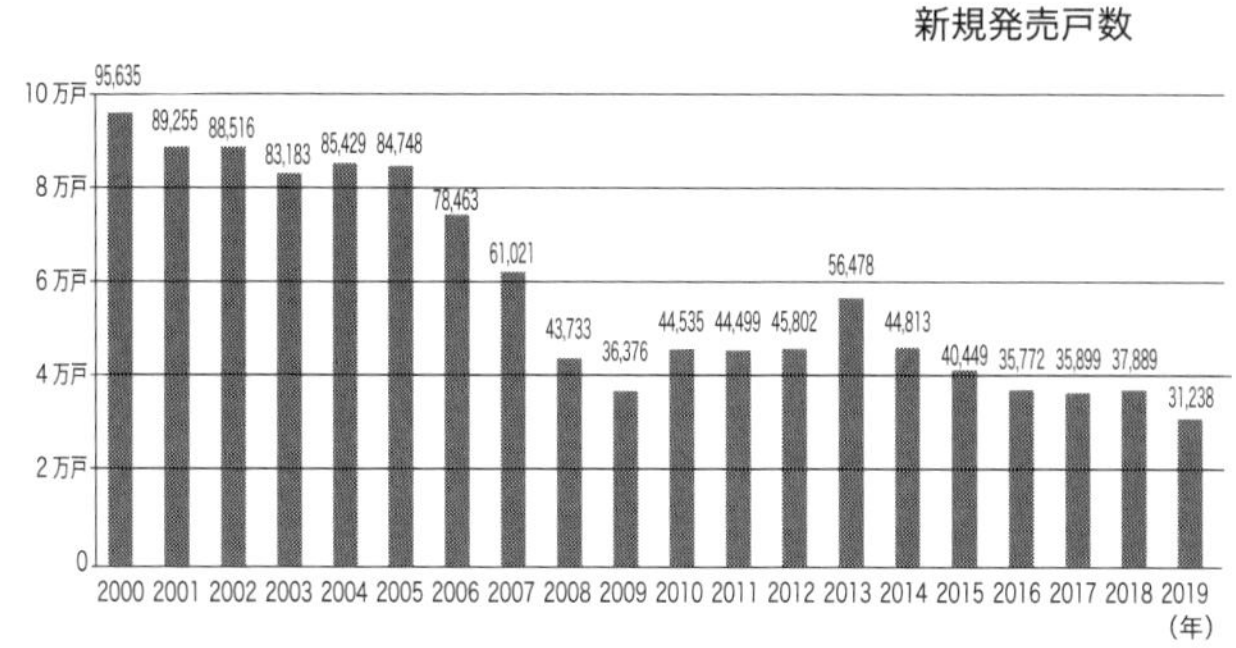

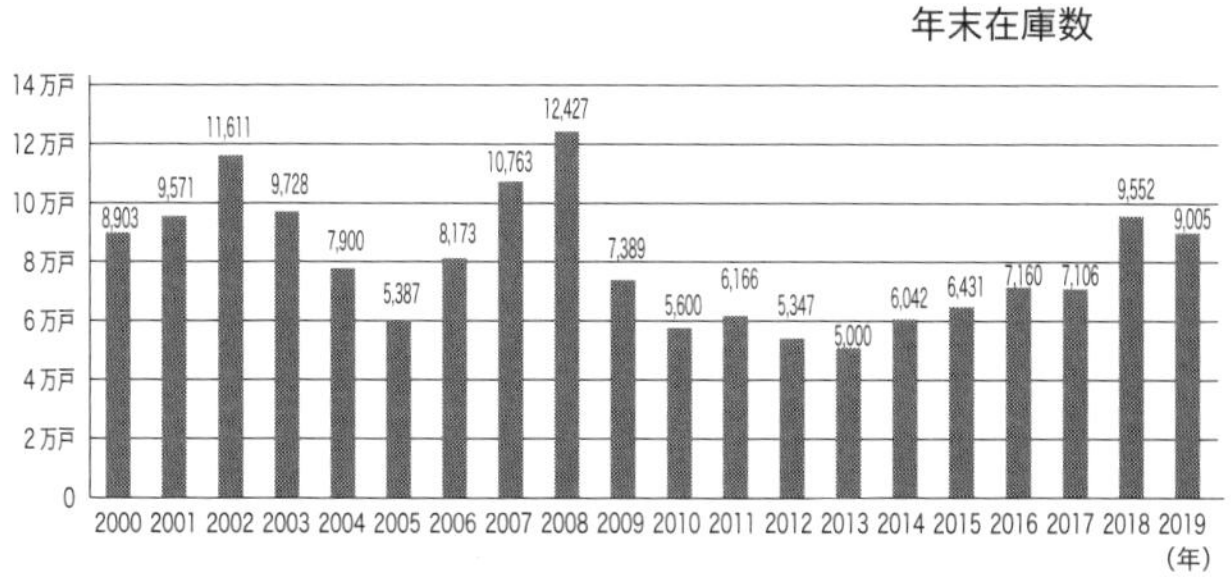

［図４］　首都圏マンション新規販売戸数・年末在庫数（国土交通省「令和２年度　住宅経済関連データ」より）

は人口集中トレンドが維持され、増加する人口の多くは単身者であり、その人たちが必要とするワンルームマンションの供給数は限られており、大幅に増加する見込みが少ないというわけです。

　したがって、東京および周辺エリアのワンルームマンションの賃貸需要はこれからも基本的には変わらないと考えてよいと思います。

中古マンション市場から見るコロナ禍の影響

ここで少し視点を変えて、2020年の緊急事態宣言後、いったん事態が落ち着いたあとの中古マンション市場を見てみましょう。マンションを買ってから手放したくなった場合の検討事項として、あるいは単純に中古マンションへのニーズの程度を知る材料として見てください。

［図5］上は、2018年から2021年6月までの首都圏中古マンションの成約状況です。2020年4月7日の最初の緊急事態宣言の頃に一時的に大きく件数が落ち込みましたが、7月から9月にかけて2019年後半よりも成約件数が上昇しています。さらに2021年にかけては4期連続で前年の成約件数を上回り、この30年ほどの間で最高の件数になりました。

つまりコロナ禍の発生で半分以下にまで達した中古マンション成約件数減少への反動が2～3ヵ月の後には回復し、減少件数を大きく上回る成約件数を記録しているのです。この間、第二回、第三回の緊急事態宣言が発出されており、感染増加傾向に応じて対象エリア変更や期間延長、まん延防止重点措置への移行などが繰り返されているにもかかわらず、継続して成約が伸び続けています。また、［図5］下の新規登録件数も、2021年に入っ

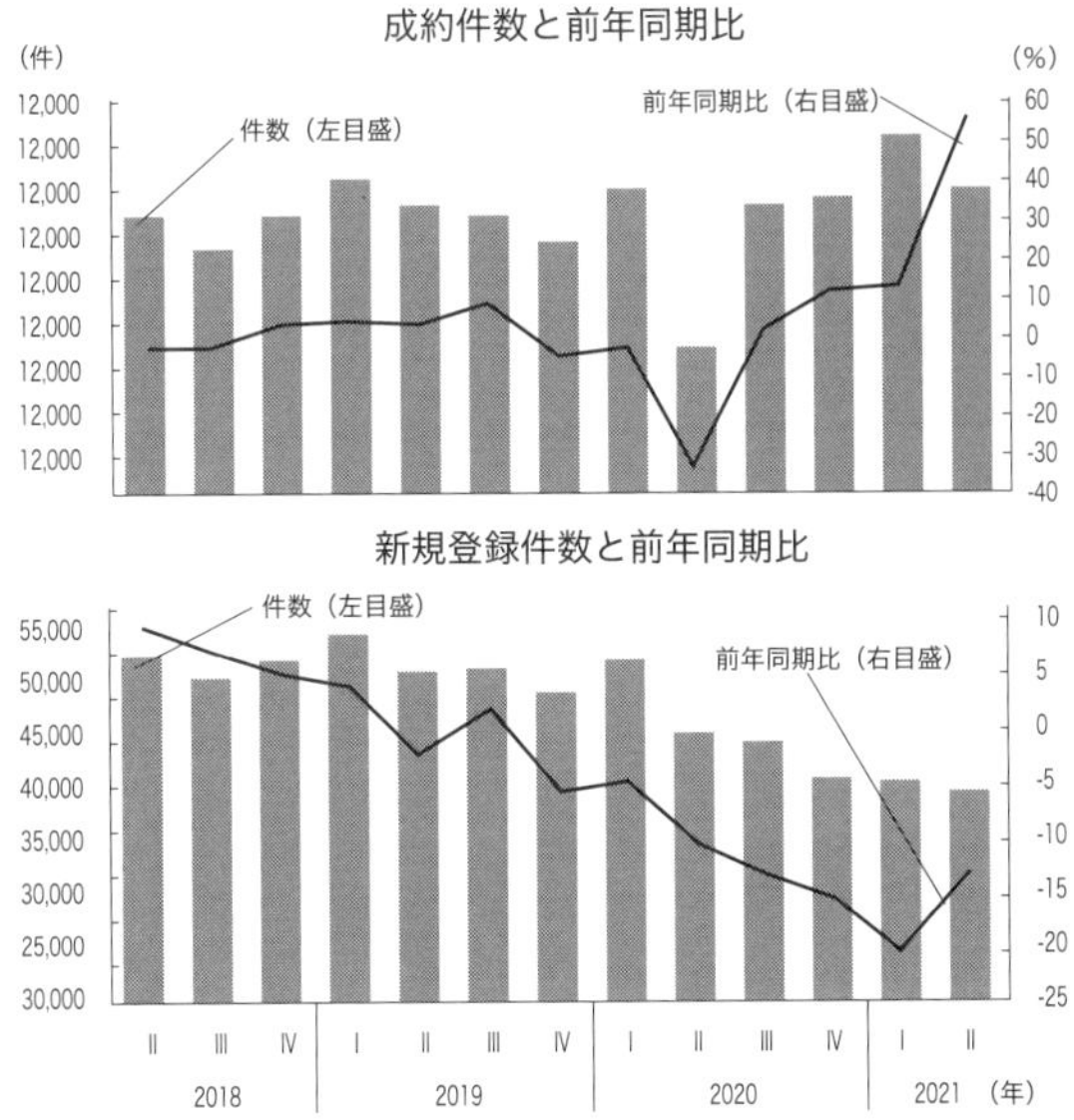

(図中Ⅰ～Ⅳは、Ⅰ：1～3月、Ⅱ：4～6月、Ⅲ：7～9月、Ⅳ：10～12月を示す)

[図5]　首都圏中古マンション成約・新規登録件数の推移（公益財団法人不動産流通機構「季報・2021年4月～6月期レポート」より）

てから急速な拡大傾向を見せています。要するに、コロナ禍という前代未聞の出来事があっても、マンション需要は平均すればほとんど変わらず、むしろ増加傾向にあるのが事実です。もちろんこれは首都圏に限った調査結果であり、全国規模で見るとまったく異なる状況です。ただし人口の都市集中、東京圏集中の傾向は長く続いており、大都市圏と地方の経済格差や

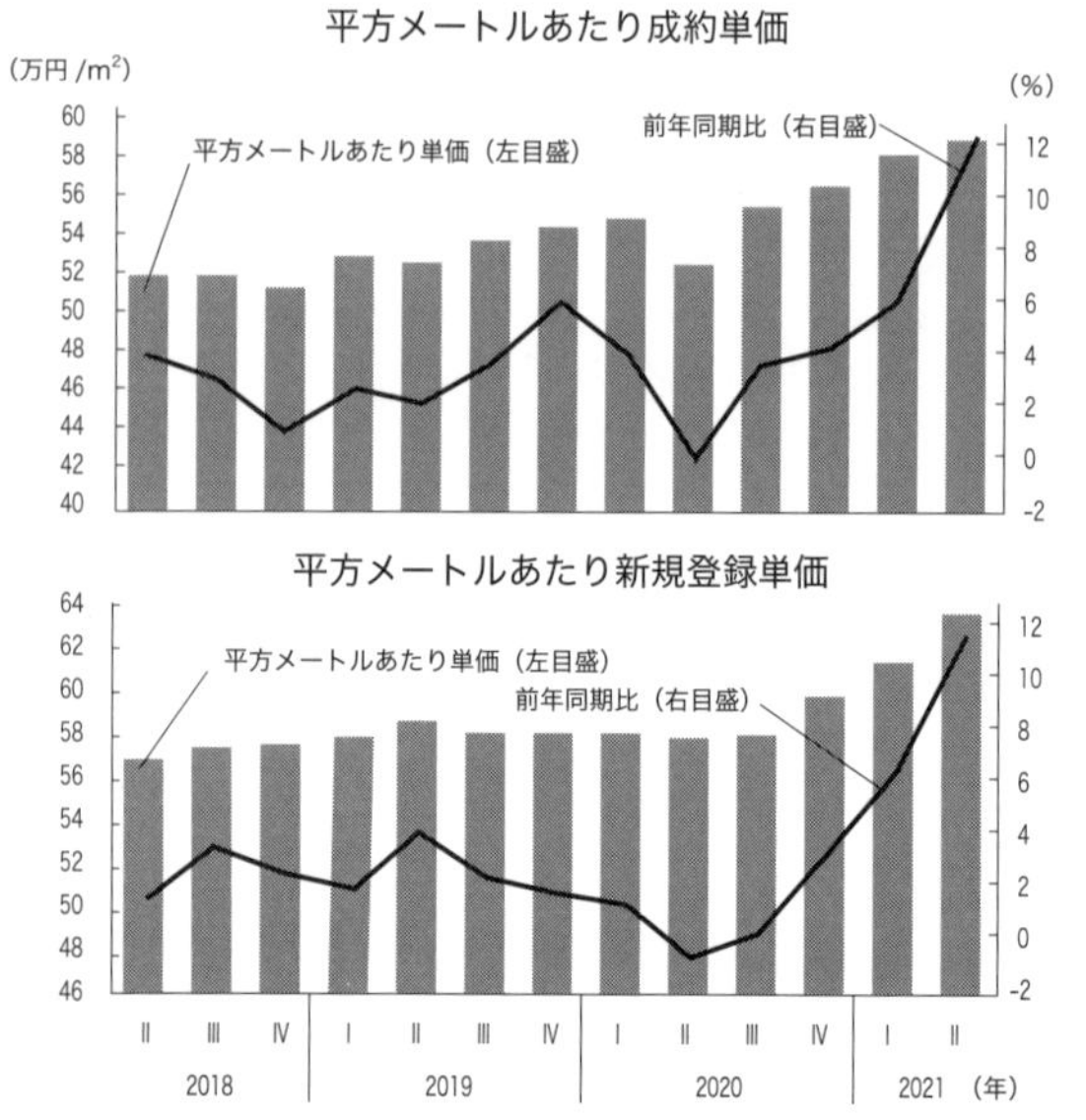

（図中Ⅰ〜Ⅳは、Ⅰ：1〜3月、Ⅱ：4〜6月、Ⅲ：7〜9月、Ⅳ：10〜12月を示す）

［図６］　首都圏中古マンションの成約・新規登録面積あたり単価の推移（公益財団法人不動産流通機構「季報・2021年4月〜6月期レポート」より）

マンション価格、賃料の格差はどんどん開いています。この調査結果が日本の住宅需要全体を反映しているものではなく、首都圏だけのトレンドを示していることには注意が必要です。

　また、価格のほうはどうなっているでしょうか。これについては［図６］が参考になります。平方メートルあたりの成約単価の推移を見ると、成約・新規登録の両方で、最初の緊急事態宣言のあと２〜３ヵ月を経過した後、継続して上昇しています。つまり価格が下がったから成約件数が上がったわけではないのです。むしろ緊急事態宣言で買い控えた人が、事態が落ち着きをみせ始めたとたんに購入に再び意欲を持ち始めたとみるほうがよいでしょう。マンションを求めるニーズは、コロナ禍がおさまれば急速に回復し、元どおりの高い水準に戻ることがこのデータからも予想可能です。

コロナ禍で変わった常識と働き方

ワンルームマンション投資や経営にかかわるデータを見てきましたが、これらデータに表れていない大きな変化が私たちに起きています。最も大きな変化は働く場所が必ずしも会社社屋でなくてもかまわないという意識変化でしょう。リモートワーク化が進んだせいで、会議はインターネット経由のウェブ会議に代わり、電話やファックスはメールまたはチャットに置き換わるようになりました。そのようなデジタル化されたコミュニケーションや業務に対応するように、紙データのデジタル化とネット共有が当たり前のこととみなされるようになり、そのためのクラウドサービス、クラウドストレージの利用も広がっています。また業務で利用するPCアプリケーションも、徐々にクラウドベースのアプリケーションに移行しています。

こうしたデジタル化、IT化が急速に進展したのは、コロナ禍の思わぬ効用だったと言わなければなりません。たいへんな被害や不安をもたらしているコロナ禍がIT化を進めたのは皮肉なことですが、いったん変更された常識は、完全に元に戻ることはありません。

リモートワーク化の初期には「ハンコを押すためだけの出社」の不合理が笑い話のようによく指摘されましたが、伝統的な社内の「ハンコリレー」は、徐々に電子的なワークフローに置き換わりつつあり、電子サインや電子ハンコの利用も一気に広がりました。

弊社の場合は従来はお客さまと直接対面してお話することが大事だと考えて実行してきたのですが、コロナ禍では訪問するとお客さまのご迷惑になると考え、お客さまのご事情に合わせてウェブ会議や電話、メールなどでのコミュニケーションに切り替えてきました。また弊社独自のチャットツールもありますし、お客さまがお使いのSNSやチャットツール、メッセージツールに営業スタッフが合わせる形でも密接なコミュニケーションがとれるようにしています。社員同士も同じです。

ただし、必ずしもリモートでの会議では納得されないお客さまもいらっしゃいますし、実際にお会いしてお話をするとテーマ以外の余談が盛り上がり、雑談部分でお客さまの本当の課題やお悩みが感じ取れることもあります。デジタルツールを利用していても、できるだけ雑談のような固苦しくなくテーマに外れていても自由に対話できるような工夫をしてはいますが、なかなか対面での会話のようにはいきません。そのため、お客さまからご依頼があれば直接対面での営業活動もしています。

直接対面営業でご迷惑がかかることがないよう、社員全員が定期的にＰＣＲ検査または抗体検査を実施しており、ワクチン接種も全員が早期に終了できるように配慮してきました。衛生管理と健康管理に十分に気をつけて業務にあたっているのはどこの会社でも同様かと思いますが、このように清潔、健康、安全に組織として取り組むことが従来よりもいっそう求められるようになり、またそれに対応してきていることが、コロナ禍がもたらしたプラス効果と言えなくもありません。

リモートワークが普及したことで、仕事の場所は自宅になるケースも多いでしょう。そのためにはリモートワークに適した空間が必要です。このために、親子同居の自宅やシェアハウスなどから独立したワンルームマンションに移動するケースもあります。また、海外の研究では、リモートワークで最も効率が上がるのは週に２日程度のリモートワークだという研究結果もあるようで、リモートワークにしたからといって出社を全然しなくてよくなるわけではありません。

実際に最初の緊急事態宣言による出社抑制を機に全面リモートワークを実施した企業でも、コロナ禍が落ち着いてくると、常時リモートワークを行うのではなく、人や役割に応じて選択的にリモートワークを実施する方向に変わってきています。

ですから、コロナ禍を機に変化した働き方を前提にしても、会社に通いやすいところに住まいを持つ流れは、多少は変わるにしても大局的には従来どおりに続くのではないかと思っています。

第1章では、ワンルームマンション投資のしくみを簡単に述べ、ワンルームマンション購入や経営の不安要素となる家賃収入の安定度合いや、それをもたらす人口の増減状況、首都圏への人口流入の状況、ワンルームマンション需要に対する物件の供給状況などを、コロナ禍での変化も合わせて見てきました。弊社が推奨する首都圏のワンルームマンション投資、そのインカムゲインを主にした収益の構造のあらましを理解していただけたら、次にはご自分の生涯生活設計を考えていただきたいと思います。老後のご自身、ご家族、子どもや孫などの近親者の事情も考え、できるだけ大きな安心が得られる資金計画を立てていくことは非常に重要なことだと思います。

第2章では、年金問題などの将来を考えるときの必須要素について考えを述べていきます。

第2章　生活不安に立ち向かうための投資とは

年金で老後の生活を豊かにできるのか？

この章では、私たちの将来の人生の豊かさについて考えてみます。

豊かさは何も金銭や財産の豊富さばかりではないのですが、生活していくうえで金銭が原因で行動を制限せざるをえないのはとても苦しいことだと思います。欲しいものが買えない、好きな趣味に没頭できない、旅行に行けない、家族などにプレゼントができない、その他諸々の「できないこと」が増えていくのは豊かな生活とは言えません。また、高齢になれば病気などで病院に通うことも多くなりがちですし、介護が必要になったり、医療・介護施設に入所したりすることも可能性として考えておかなければなりません。自分だけのことではなく、配偶者や子ども、両親などの近親者が健康を損なうこともあるでしょうし、事故に遭うこともあるでしょう。そのような際にどうしても自分がお金を負担する必要に迫られることがあるでしょうし、何事もなかったとしても想定可能な将来の事態に備えて準備しておくことは欠かせません。また自分に何かが起こったときに、近親者などに少なくとも金銭的な負担をかけたくはないと思うのが人情です。「安心できる暮らし」のために何らかの手立てで万一のときの対処ができるように準備しておけばこそ、「豊かさ」

を実感できるのではないかと思います。

そんな老後の生活を考えるとき、幸いなことに、日本では「国民皆保険」「国民皆年金」が制度として存在します。高齢になっても医療や介護についての支えは期待できますし、生活費の面でも老齢年金によってある程度支援してもらえるようになっています。しかし、特に老齢年金について、本当に必要なだけの金額を給付してもらえるのかどうかが問題です。「公的な社会保障給付金だけで安心して豊かな生活が送れるものなのか」という疑問をもつのは自然なことでしょう。この数十年にわたって同趣旨の議論が続いてきましたし、何度か年金制度改正が行われてはきましたが、いまも不安は拭い取れていない状況だと思います。

その不安を分析すると、「老後に不足する生活費が年金で賄えるのかどうか」ということが最も大きな疑問になると思います。また、「年金制度が破綻したり改悪されたりして、期待されるような金額が給付されなくなるのではないか。あるいは給付年齢がさらに上がり、実質的に給付される金額が少なくなるのではないか」という、年金制度の存続や、生活者側にとっての制度改悪が行われるのではないかという懸念が、二番目の不安要素になっているのではないかと思います。

公的年金を支える労働力人口の減少にまつわる不安

こうした不安が拭えないのには、少子高齢化がこれから少なくとも数十年の間は続く（内閣府推計）ことが背景になっています。日本では、「人生100年」時代と言われるように、寿命がどんどん延び続けており、2020年のデータでは100歳以上の人口は約8万人で、これは史上初めての数になります。その一方、人口は減少を続けており、総人口は2004年に人口のピーク（1億2784万人、高齢化率19・6パーセント）を迎えたあと急速に減り、2021年現在は1億2536万人にまで減少しています。総務省の推定では、2030年には1億1552万人（高齢化率31・8パーセント）、2050年には1億人を切り、9515万人（高齢化率39・6パーセント）になると見込まれています。つまり、今後30年のうちに、日本のおよそ2・5人に1人が高齢者になるということです。現在の平均寿命は男性が81・64歳、女性は87・74歳ですが、現役で働く人々の数（労働力人口＝15歳以上人口のうち就業者と完全失業者を合わせた人口）は、2020年の平均で6868万人（前年から18万人の減少）になっています。

このような人口減少と高齢化により、2020年時点でも15歳から64歳までの現役世代が2・06人で65歳以上の高齢者1人を支える状況になっています。［図1］は人口

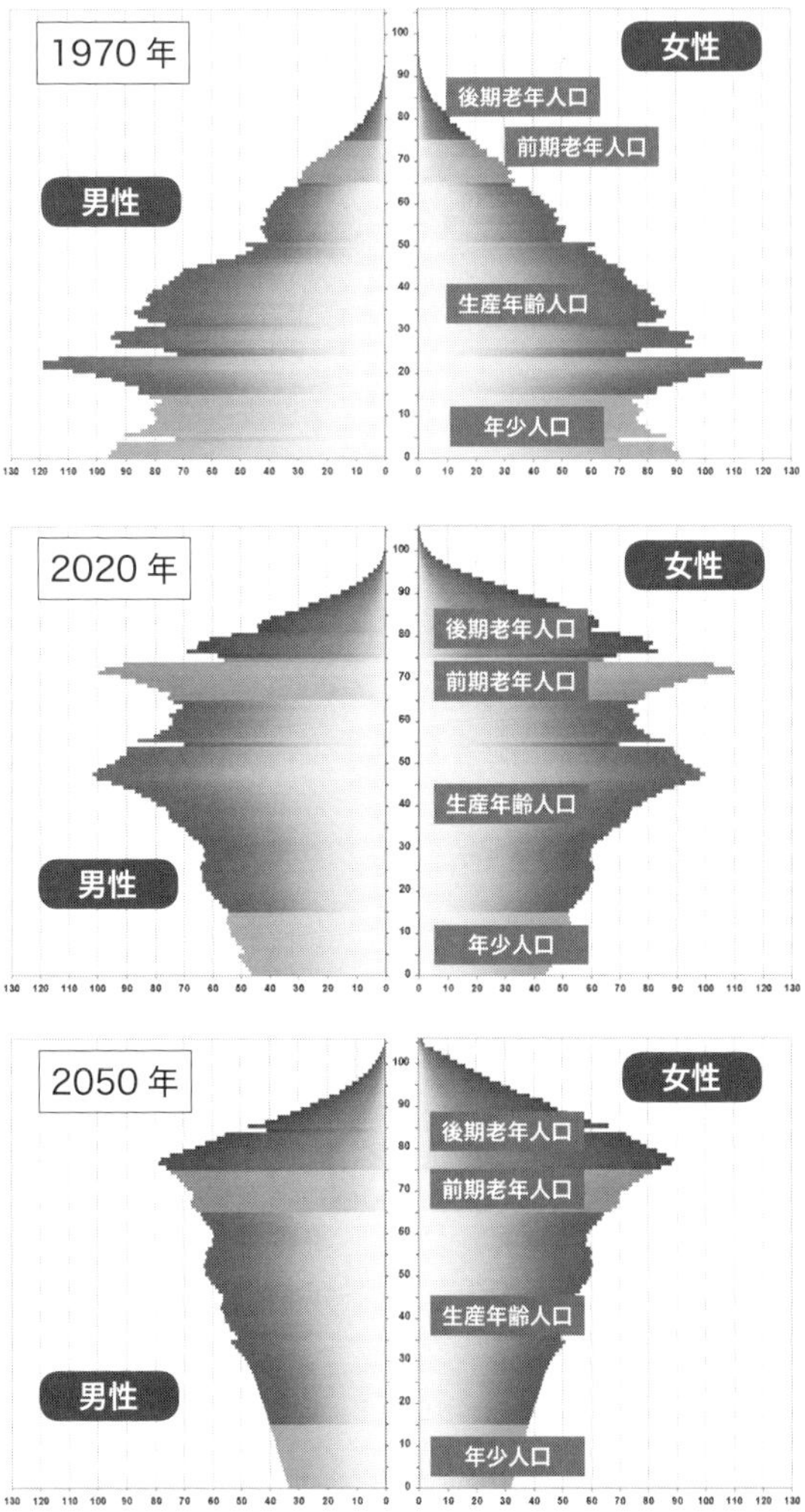

［図１］　人口ピラミッド（国立社会保障・人口問題研究所資料より）

の年齢分布を示す「人口ピラミッド」です。縦軸に年齢、横軸に人口が示されていま
す。1970年頃にはまだ「ピラミッド」に近く、高齢者よりも若者が多かったのですが、
2020年にはもうお椀型のようになっており、さらに2050年にはすり鉢型になると
予測されています。これを見ると一目瞭然ですが、この先は、より少ない現役世代がより
多くの高齢者を支えなければならない社会になっていきます。もっとも、高齢者の就労機
会の増加傾向も見られ、元気なお年寄りが現役世代と同じように稼ぐ姿もよく見かけるよ
うにはなりました。これは現役世代の負担増のスピードに一定のブレーキをかける要素に
なるかもしれませんが、それも高齢者を支える人口の減少スピードに対しては焼け石に水
でしょう。いずれにせよ、現役世代1人あたりの負担は重くなっていき、高齢者の生活を
支えるはずの公的年金がいつまでも現状以上のレベルで給付されるのかは不透明になって
います。

高齢者の雇用機会が増え、70歳までが現役世代に

次に、定年後にどれだけの生活費が必要なのかを考えてみたいのですが、その前にちょっ
と定年制度について振り返ってみます。定年制度は明治時代後期から始まっていると言わ

れます。その頃の定年は55歳でした。明治・大正時代の平均寿命は43歳前後であまり変わらなかったといいますから、定年制度がある会社（当時は一部でした）でも生涯現役で働くことができる人が多かったはずです。昭和・平成時代には人口が急増し、かつ平均寿命も急伸していくなかで、１９９８年には60歳定年制が法律（高齢者雇用安定法）で義務化されました。この頃には平均寿命は80歳ほどになっています。定年とのギャップが約20年ということになります。

その後、２０１３年にはさらに法改正され、高齢者の雇用延長策が図られました。この法改正により、企業は定年を65歳とするか、定年は60歳のままでも65歳までの継続雇用（再雇用または勤務延長）をするか、定年を廃止するかの三択で、高齢者雇用措置をとることになりました。

ところがこれでも今後の超高齢化社会には適しないということで、さらに法改正され、改正高齢者雇用安定法が２０２１年４月から施行されています。この改正法では、企業は70歳までの継続雇用制度の導入、または70歳までの定年の引き上げ、あるいは定年制の廃止が努力義務とされました。なお、企業自身が雇用しなくとも、70歳まで継続的に業務委託契約を結ぶ制度の導入、または70歳まで委託や出資などをする団体が行う社会貢献活動に従事できる制度の導入も選択肢に入ることになりました。

つまり70歳までを現役世代とするための法律になったわけです。元気な高齢者が希望すれば、かつての60歳定年制の時代から10年余計に働けることになりました。

これは喜ばしいことである反面、「定年になったらゆったり暮らせる」と思っていた人にとっては悪夢かもしれません。もちろん早期に退職したっていいわけですが、周りに「働け、働け」と言われているなかで辞めるのは気後れしますし、退職金がフルでもらえるかどうかもわかりません。また、国としてはただ働きたい高齢者を応援するというだけでなく、なんとか年金給付額を切り詰めなければ年金制度が破綻するかもしれない危機感からの制度改正ですから、実質的に高齢者がもらえる年金額はこれまでよりも少なくなりそうです。

なぜかと言えば、年金の給付開始年齢が、定年延長や雇用継続措置に対応して後ろ倒しになっているからです。給付開始年齢は、２０１３年の法改正時に65歳からになりました。実際には繰り上げ受給、繰り下げ受給が選択可能なので、受給開始の年齢は自分で決められます。ただし65歳未満・60歳以上で繰り上げ受給する場合は、本来の受給額が減額され、66歳から75歳までの間で繰り下げ受給する場合は増額されます（70ページ参照）。つまり早く受給すれば金額は安くなり、遅く受給開始するほど高くなるというわけです。国としては、なるべく高年齢になるまで受給しないように誘導しているわけです。身も蓋もない言い方をすれば、年金を受給せずに亡くなる人が増えれば年金制度は安定するという考え方とも言えるでしょう。

健康であれば１００歳まで生きることが夢ではなくなった現在、できるだけ年金は遅く受給したほうが得になるのです。しかし65歳から75歳までの間、本当に働き続けられるのか、あるいは働き続けたいのか、自分に問いかけてみなければなりません。もし少しでも心配があるのなら、年金の早期受給のほうが望ましいかもしれません。

また、高齢者の雇用確保措置は会社側の都合で選択されることにも注意が必要です。雇用が延長されたり、関連した別の職場で働くことになったり、業務受託の契約になったりしたとき、以前と同程度の収入が確保できるとは限りません。これまでも一部の高位の役職に就く人以外はだいたい50代半ばを過ぎた頃から賃金が下がっていくのが会社員の一般的なパターンです。役職定年制を採用する企業も増えてきていて、ベテラン社員は役職を後進に譲る形で役職手当がなくなります。

［図２］は、１９７６年、１９９５年、２０１９年の各調査年での年齢階級ごとの平均

各調査年の男女計 「20～24歳」の平均所定内給与額を100とした場合

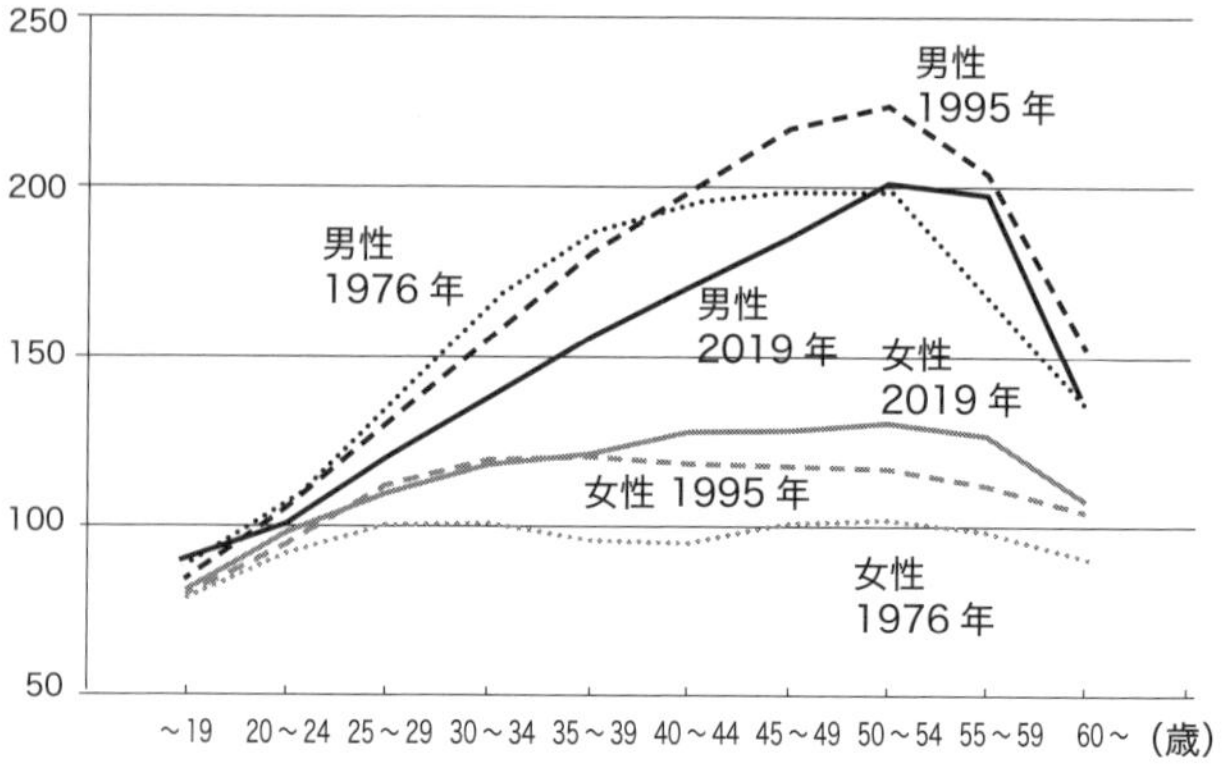

［図2］ 年齢と平均所定内賃金額（独立行政法人労働政策研究・研修機構資料より）

所定内給与額です。総額は［図3］に示します。

［図2］は、20～24歳の平均所定内給与額を100とした場合の割合を示しています。男性は、定年前には働き始めた頃の給与の1・5倍くらいのサラリーをもらい、女性はほとんど最初の給与額の少しだけ上になっています。初任給は2019年の場合だと男性が23万9000円、女性が20万6900円（大卒の場合）ですから、これを当てはめて計算してみると、60歳になる頃には男性は35万円を少し上回るかどうか、女性は21万円程度といった程度の金額になります。この金額に残業手当や各種の手当、ボーナスを加算した金額が収入になりますから、実際の月あたり収入はもっと増えます。2020年分の給与所

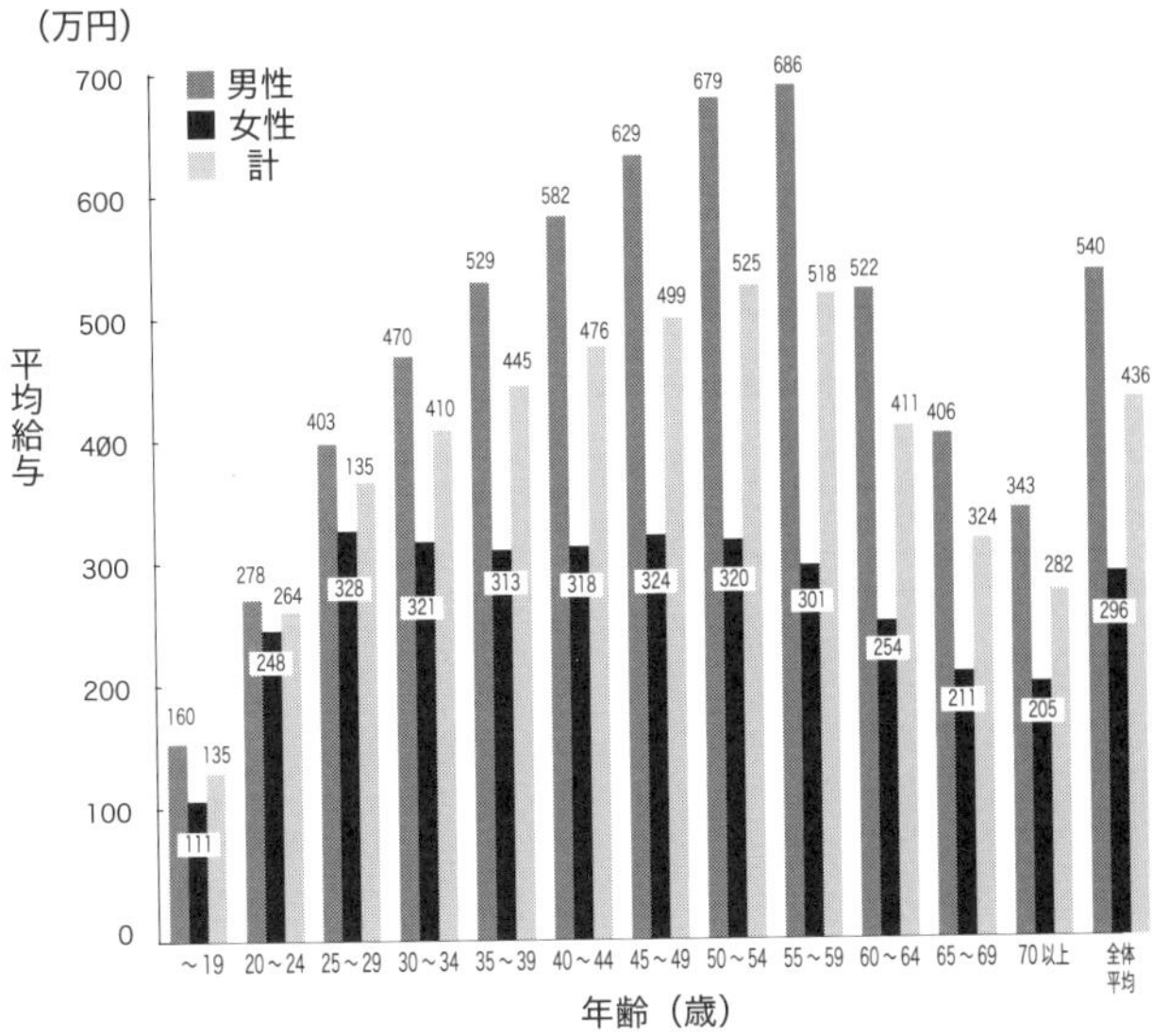

［図３］　年齢階層別の平均給与（国税庁「令和元年分民間給与実態統計調査」より）

得者の給与実態調査（国税庁）によると、1年を通じて勤務した給与所得者の1人当たりの平均給与は436万円（男性540万円、女性296万円）です。平均給料・手当は366万円（男性449万円、女性253万円）で、平均ボーナスは70万円（男性91万円、女性43万円）でした。

また同調査の年齢階層別の給与総額では、［図3］のように男性では60歳未満までは年齢が高くなるにしたがい平均給与が高くなり686万円にのぼります。女性では同年齢階層では301万円で、年齢による増加傾向は見られません（最も高くなるのは25歳〜29歳で、３２８万円です）。［図3］にみるとおり、60歳を境に男女ともに給与は急減します。ここには定年退職して1年を通して働いてはいなかった人は入っていません。つまり、会社として雇用はしていても、高齢者の給与水準は低く抑えようとする傾向が明らかです。法改正によりこのようなトレンドが一気に変化するかどうか、今後に注目したいところですが、会社の高齢者に対する処遇が急激に変化するとはあまり想像しにくいのではないでしょうか。

このように、定年が延長されたり、別の形での雇用機会が生まれたとしても、60歳前の収入に届くケースは少ないのではないかと予想しています。

公的年金で不足する金額は？

では一番心配される「年金で老後の生活は維持できるのか」について考えてみます。

「生活の維持」というと衣食住に不足がないこととも捉えられますが、老後は最低限の生活で十分だと思う人はあまりいません。むしろ「現役時代と同程度の生活レベルをできるだけ維持したい」人がほとんどでしょう。先ほど述べたように、一般的には60歳以前に生

$$78万0900円 \times \frac{保険料納付済月数 + 全額免除月数 \times 4/8 + 4分の1納付月数 \times 5/8 + 半額納付月数 \times 6/8 + 4分の3納付月数 \times 6/8}{40年（加入可能年数）\times 12月}$$

［図４］　国民年金額の計算（2022年４月分～、日本年金機構資料より）

涯最高レベルの給与水準になり、男性は約７００万円レベルの年収で暮らしてきたことになります。その年収を60歳以降も維持できるでしょうか。

残念なことに、公的年金ではそのレベルにはまったく達しません。少し公的年金の仕組みをおさらいしてみます。

公的年金は、働ける時代に保険料を支払い、払った期間に応じて、決められた条件のもとで一定の金額がもらえる、国が運営する保険制度のことです。公的年金は二つあり、一つは国民全員が加入する前提の「国民年金（基礎年金ともいう）」、もう一つは会社員など組織に所属する人が加入する「厚生年金」です。

国民年金（基礎年金）

国民年金は20歳～60歳の国民全員が強制加入する制度で、４８０ヵ月（40年）にわたって保険料を支払えば、満額の「老齢基礎年金」がもらえます。２０２１年度の場合は満額で78万０９００

減額率＝0.5%×繰り上げ請求月から65歳になる月の前月までの月数

請求時の年齢	請求月から65歳になる月の前月までの月数	減額率
60歳0ヵ月〜60歳11ヵ月	60ヵ月〜49ヵ月	30.0%〜24.5%
61歳0ヵ月〜61歳11ヵ月	48ヵ月〜37ヵ月	24.0%〜18.5%
62歳0ヵ月〜62歳11ヵ月	36ヵ月〜25ヵ月	18.0%〜12.5%
63歳0ヵ月〜63歳11ヵ月	24ヵ月〜13ヵ月	12.0%〜6.5%
64歳0ヵ月〜64歳11ヵ月	12ヵ月〜1ヵ月	6.0%〜0.5%

［図5］　国民年金の繰り上げ受給を選んだ場合の減額率（日本年金機構資料より）

請求時の年齢	増額率
66歳0ヵ月〜60歳11ヵ月	108.4%〜116.1%
67歳0ヵ月〜61歳11ヵ月	116.8%〜124.5%
68歳0ヵ月〜62歳11ヵ月	125.2%〜132.9%
69歳0ヵ月〜63歳11ヵ月	133.6%〜131.3%
70歳0ヵ月〜	142%

（注）繰り下げの請求を行う月によって増額率は異なり、65歳になった月から繰り下げの申し出を行った月の前月までの月数に応じて1ヵ月増すごとに0.7%ずつ高くなる。

［図6］　国民年金の繰り下げ受給を選んだ場合の増額率（日本年金機構資料より）

円になり、月あたりに直すと6万5075円でした。気がつかずに保険料を払っていなかった場合は、その期間に応じてもらえる年金額は減額されます。なお、年金といえば老齢年金のことだと思うかもしれませんが、国民年金を納めていれば、障害を負ったときの「障害基礎年金」、亡くなったときの「遺族基礎年金」（遺族が受け取る）の給付も受けられます。老齢基礎年金を10年間受け取ると、支払った保険料とほぼ同額をもらうことになります。

なお、前述した「繰り上げ受給」

平均標準報酬月数 × $\frac{9.5}{1000}$ 〜 $\frac{7.125}{1000}$ × 2003年3月までの被保険者期間の月数
（生年月日に応じた率）

＋

平均標準報酬額 × $\frac{7.31}{1000}$ 〜 $\frac{5.481}{1000}$ × 2003年4月以降の被保険者期間の月数
（生年月日に応じた率）

［図7］　厚生年金の報酬比例部分の年金額の計算（日本年金機構資料より）

や「繰り下げ受給」を選ぶ場合には基礎年金の減額や増額があります。［図5］［図6］を参照してください。

厚生年金

厚生年金は、ほとんどの法人に強制適用されるもので、従業員が加入して保険料を支払う制度です。この場合は保険料の半分は法人側が支払う（従業員と折半する）ことになっていて、従業員には有利な保険と言えます。70歳未満の人が対象になります。

厚生年金を納めていれば、国民年金と同様に「老齢厚生年金」「障害厚生年金」「遺族厚生年金」が受け取れます。老齢厚生年金の場合は「報酬比例年額」とその他の金額がもらえますが、報酬比例部分が大きいので、現役時代の報酬額が高ければたくさんもらえます。報酬比例年額は［図7］のような計算になります。この金額に定額部分と加給年金額を加えたのが年金額ですが、だいぶ複雑なので目安を示すと、年間の平均給与月額が50万円で40年間勤めた後に受給を始めた人は月あたり11万5000円ほど、60万円だった人は月あたり13万8000円ほどになります。

二階建ての公的年金と現役時代の収入を比べると

国民年金と厚生年金はいわゆる「二階建て」になっていて、ほぼ国民全員が老齢基礎年金を受け取り、企業や官庁などに所属していた人はそれに加えて老齢厚生年金が受け取れます。ですから老齢厚生年金を月あたり11万5000円支給される人は老齢基礎年金を加えて約18万円が受け取れます。また会社員などで配偶者がある世帯では、配偶者の年金額も上乗せされます。配偶者の給与などの収入がない場合でも国民年金には加入しますから、老齢基礎年金額は同じです。この場合だと自分と配偶者の年金受給額は、月あたり24万5000円ほどになります。さまざまな条件でこの金額は異なりますので、自分の保険料支払い状況や老齢基礎年金・老齢厚生年金の予想額については、日本年金機構から郵送される「ねんきん定期便」でお確かめください。

さて、この二つの老齢年金と、先ほどの60歳前の時代に受け取っていた給与額を比べてみてください。平均の給与額が最も高い年代で年収が６８６万円ですから、月あたりは約57万円になります。実際には税金や保険料などが天引きされた手取り金額で暮らしていますから、天引き分として０・75〜０・８を掛けると実感できる月収に概算できます。額面57万円の月収の人なら45万６０００円程度ということです。これと二つの老齢年金が満額支給された場合の月あたり金額（約24万５０００円など）を差し引きすると、およそ半額かそれ以下になってしまいます。老齢年金以外に収入がなければ、50代頃にもらっていた金額の半分程度で暮らさなければならなくなります。

かつて、「老後資金は２０００万円が不足する」という金融庁の試算が物議を醸したことがありました（２０１９年）。この報告書は批判を受けたうえ「誤解を招く」と、当時の麻生太郎金融担当相に「不受理」とされたのですが、数字はともあれ老後資金が不足する実態の指摘は的を射たものでした。

先ほどの私の試算では、50代に50万円程度の給与をもらっていた人（手取り金額でおよそ38万円〜40万円）が、24万〜25万円程度の年金収入になるわけですから、おおざっぱな計算ですが、現役時代と同程度の生活レベルを維持するなら、月に13万円から16万円、年に１５６万円から１９２万円が不足することになります。その後30年を暮らすとすれば、

4680万円から5760万円が不足しています。ただし、勤めていた会社によっては後述する企業年金があり、また退職一時金制度がある会社では退職時に一時金がもらえます。これらを合算したのがいわゆる「退職金」です。従業員1000人以上の会社の退職金の相場（2019年分、厚生労働省「令和元年賃金事情総合調査」より）は、定年退職時の大学卒事務・技術（総合職）で2687万9000円となっています。この数字を先ほどの赤字額（4680万円など）から差し引けば、「老後に2000万円が不足する」というのはあながち間違っていたとは言えません。

では不足する2000万円以上のお金をどうするかといえば、無収入の場合には貯金を切り崩しながら赤字補填するしかありません。しかし2020年の総務省「家計調査報告」によると、2人以上の世帯の平均貯蓄額は1791万円でした。この金額には、普通預金や定期預金のほか、生命保険、有価証券、その他の金額も含まれています。ですから、2000万円以上の赤字をこれだけで補填するのは難しくなります。もっとも定年後まったく給与などの収入がない状態が30年続くケース、しかも配偶者の厚生年金がないケースで考えていますから、実際には赤字がそれほど大きくなかったり、むしろ黒字になるケースもあるに違いありません。ただし、もしも自分や家族の健康が損なわれたり、事故やトラブルが万が一にも生じた場合には、一時的に多額の出費が必要になることがあるでしょう。また自動車や家屋などの買い替えや修繕などにもお金が必要になります。万一の備えとしての生命保険（定期保険）は、低額な保険では60歳や65歳までが保険期間になりますし、最長でも90歳までの契約が多いでしょう。現在は90歳以上でも加入できる生命保険もありますが、これは保険料が一括払いなので、どちらかといえば相続税対策のための加入ケースが多いと思います。現金でお金を残すと相続人に相続税がかかりますが、生命保険の死亡保険金の一部は相続税の対象になりません。１人の相続人の非課税枠は５００万円なので、配偶者と子ども２人が相続人だと死亡保険金との差額だけに相続税がかかることになり、少しは遺族の経済的な負担を減らすことができます。とはいえ、多額の保険料を一括で払うことができる人は限られますし、自分や家族の老後の生活を豊かにすることとは意味が違います。

以上のことから、「公的年金で不足する金額は？」という疑問にシンプルに答えるとすれば、高齢で無収入の状態で残り30年間、約７００万円程度の収入があった現役時代の生活レベルを維持していくためには、およそ５０００万円（ひと月約14万円）が不足するのではないかと考えます。退職金が平均レベルで支給される場合だと、およそ２６００万円

（ひと月約7万円）が不足する可能性があります。その不足分を補える貯蓄がある場合でも、平均レベルの貯蓄額だと2000万円以上（ひと月約5500円）が不足することになります。

数字がたくさん出てきて読みにくかったことと思いますが、仮の想定での金額であっても具体的に考えてみると少しぞっとされたのではないでしょうか。もちろん生活レベルを落として倹約生活にすれば、公的年金と退職金、貯蓄の切り崩しで乗り切れるケースも多いでしょう。しかしいったん上がった生活レベルを落とすのは想像するよりずっと難しいものです。有名な芸能人が引退後に生活が破綻したというようなゴシップを耳にすることがありますが、経済的に行き詰まることがわかっていてもなかなか現役時代の生活レベルは変えられない人が多いのです。得られる収入よりも支出のほうが大きい状態では、現役時代につくり上げた資産を切り崩していくほかなく、老後破綻へと進んでしまいます。

老後破綻を防ぎ、老後の豊かな生活を求めるなら、公的年金以外の収入の道を考えたほうが得策だと思います。それにはいくつかの方法がありますが、まず考えるべきなのは、公的年金にプラスできる他の年金制度を利用することです。これについて次に説明します。

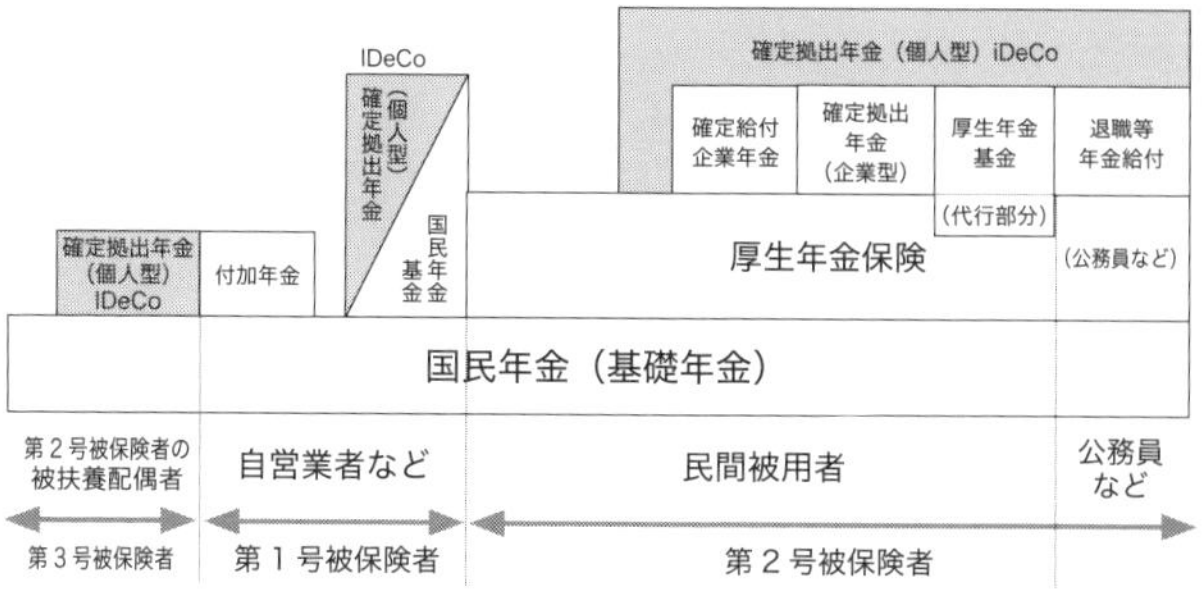

［図８］　年金制度の３階建て構造（企業年金連合会資料より）

企業年金とその他の年金

老後の生活を支える年金には、公的年金のほかにも、多くの企業が「企業年金」制度を運用しています。また自営業者などのための「国民年金基金」、個人が加入する「ｉ《イ》Ｄｅ《デ》Ｃｏ《コ》（個人型確定拠出年金）」があります。これらは「私的年金」と呼ばれます。掛け金を払えば老齢給付金が公的年金に上積みできるので、「年金制度は３階建て」とも言われます（［図８］）。

確定給付型の企業年金

企業年金には、確定給付型と確定拠出型があります。最も多く利用されているのが確定給付企業年金です。こちらは２００２年に施行された確定給付企業年金法に基づく企業年金のことで、事業主が全額または従業員との同意のうえで半額以上を負担（残りは本人負担）して掛け金を外部の信託銀行や生命保険会社などに預け、あらかじめ決められた金額を支払い開始時期に一括（一時金として）または分割（年金として）で受け取れる仕組みです。

なお、これとは別に、厚生年金保険法に基づいて設立された「厚生年金基金」制度も実施されています。これは厚生年金の老齢給付の一部を国に代わって代行給付し、さらに独自の年金を加算して給付する制度です。厚生年金基金は２０１４年4月以降の新規設立は認められなくなっていますから、他の企業年金への制度移転・移行が行われています。

確定拠出型の企業年金

確定拠出年金は、拠出額＝掛け金があらかじめ決められており、将来の給付額が増える可能性のあるタイプの年金です。確定拠出年金法に基づいた年金制度で、企業型と個人型があります。どちらも60歳〜70歳の間（現行法）に受給開始されます。２０２２年に改正法が施行されるため、２０２２年10月以降からは75歳までの間で受給開始時期を選べます。ただし最初の掛け金拠出から10年の間は受け取れません。また加入できるのは現行法では

65歳未満の人だけですが、２０２２年10月以降は75歳未満の人も加入できます。

確定拠出年金は、拠出された金額はただ保管されるのではなく、投資商品に投資して、運用益を出すことを前提に考えられています。掛け金は外部機関に本人の口座を作って（口座維持費用がかかります）、会社は掛け金を給料から天引きして本人口座に入金します。その口座の金額を例えば定期預金、保険、投資信託などの投資に使って運用します。どんな投資対象を選び、それぞれにどれだけの金額を掛けるかは本人が決められます。投資対象には定期預金や保険のような元本保証型の商品もありますし、投資信託のように運用益が大きくなる可能性がある反面、元本割れも起こりうる商品もあります。２０１５年から２０１７年の厚生労働省調査では、確定拠出年金の運用利回りがマイナス（元本割れ）だったケースが約10パーセントありました。中には10パーセント以上の利回りで運用できたケースもありますが、約４割のケースで利回りはゼロから1パーセントの間でした。逆に言えば5割は1パーセントを超える利回りで運用できていることになりますから、銀行に貯金するだけに比べると悪くはないかもしれません。元本保証つきの投資商品に投資すればマイナスになる心配はあまりありません。

利回りのよしあしは、どの投資対象にどれだけ投資するかによってきまります。その選択は本人の責任です。ただし掛け金は税控除の対象になりますし、受給した金額にも課税優遇措置があるので、非課税になる場合も多いでしょう。運用益への期待と税金が節約できる可能性があるため、近年は確定拠出型の企業年金が注目されています。掛け金は上限があって、確定給付年金制度がない場合は月額5万5000円、確定給付年金がある場合には月額2万7500円（2022年10月の法改正以降の場合）と、確定給付年金がない場合の半分になります。ただし法令の見直し案も浮上していますから、いつまでも同様とは限らないので注意は必要です。

個人型確定拠出年金＝iDeCo

確定拠出年金には個人加入できるものもあり、iDeCo（個人型確定拠出年金）として知られています。企業型とほぼ同じ考え方ですが、iDeCoの掛け金は個人が支払います。老齢給付金は一時金や分割（年金）で受け取れますし、掛け金は税控除対象で、受給金額にも課税優遇措置があります。ポイントは、確定給付型企業年金や企業型確定拠出年金に加入している人が自分で掛け金を払えば、老後資金が増えるというところです。こちらも拠出した金額は、取り扱う金融機関が用意している投資対象商品（自由に選択・組み合わせ可能）に投資して運用されます。

ｉＤｅＣｏは２０１６年の法改正によって公務員などを含め原則60歳未満の国民年金被保険者にも広がり、実質誰でも利用できる老齢給付金制度になりました。税制上優遇されるほかに運用結果次第で給付金が増額する可能性があるので、預金金利がほとんどないに等しい現在では最も注目される年金制度になりました。またさらなる法改正により、ますます加入しやすくなり、２０２２年5月からは国民年金加入者であれば65歳未満までなら加入できます（第1号被保険者、第3号被保険者は国民年金への任意加入が条件）。また、現在は企業型確定拠出年金に加入している人がｉＤｅＣｏに加入するには労使合意が必要ですが、２０２２年10月からは原則加入できるようになります（ただし、企業型確定拠出年金で加入者掛け金を拠出〈マッチング拠出〉している場合などは、ｉＤｅＣｏに加入できないので注意してください）。なお、口座の開設や維持、還付時の手数料などの費用はかかりますが、オンライン銀行などを中心に口座管理料をとらないケースも増えていて、気楽に口座開設できるようになってきています。

なお、拠出金の上限は、他の企業年金への掛け金の総額によって決まるので少しわかりにくいですが、次ページの［図９］を参考にしてください。自分で支払う掛け金は、

	企業型確定拠出年金加入者	企業型確定拠出年金と確定給付型年金の加入者
企業型確定拠出年金の事業主掛け金（1）	5万5000円以内	2万7500円以内
iDeCoの掛け金（2）	2万円以内	1万2000円以内
（1）と（2）の合計	5万5000円以内	2万7500円以内

［図9］　iDeCoの掛け金上限

1万2000円または2万円だと覚えておけばよいでしょう。企業が確定給付年金や企業型確定拠出年金にどれだけ拠出しているかは会社でご確認ください。なお、自営業の人など（第1号被保険者）は国民年金に加えて国民年金基金に加入している場合があります。その場合は、国民年金基金の掛け金と合わせて月額6万8000円が上限になります。

なお、iDeCoは掛け金の変更も上限額以下なら自由です。そのため、60歳などの支給開始時期に口座残高がどれだけあればよいかを考えて、投資対象と毎月の掛け金を決めることができます。例えば500万円の残高が欲しいというように決めたら、利回りが何パーセント期待できるかを加味して掛け金を計算することができますから、他の制度よりも柔軟に投資運用をしていけます。インターネット上で多くの金融機関などがiDeCoのシミュレーション（概算）サービスを提供しているので、さまざまな利回り条件や掛け金の額で節税金額や給付される金額を設定して試算してみるとよいでしょう。

さて、ここまで企業年金とｉＤｅＣｏについて説明してきましたが、まとめると、給与生活だった人は、高齢になると老齢基礎年金、老齢厚生年金がもらえ、さらに確定給付型年金や確定拠出年金制度がある企業の場合は、それぞれの年金がプラスされます。さらに個人でｉＤｅＣｏに加入した場合は、その分がプラスされます。公的年金では赤字になってしまう老後生活も、これらの私的年金を上手に利用すれば黒字転換が可能でしょう。ただし私的年金は、現役時代に掛け金の一部を会社が負担してくれる場合があるといっても、常に全額ではありませんから、いくらかは自分の懐から出ていくことも考えに入れなければなりません。また確定拠出年金は、投資運用がうまくいっていれば受給金額がプラスになりますが、うまくいかなければマイナスになってしまうことも覚悟して利用する必要があります。

そうではあってもこうした企業年金やｉＤｅＣｏは預貯金よりも有利な老後資金確保手段と考えられます。現在はまだ経済がデフレ基調から抜け出せていませんが、やがては政府が目標としている2パーセントのインフレ率にまで変化していくと思います。少なくとも政府や日銀はそのように誘導していくでしょう。もし2パーセントのインフレ率が長期間続くと仮定すると、お金の実質的な価値はどんどん低くなります。現在1000万円の価値は5年後に906万円、10年後に820万円の価値にしかならなくなるのです。一方で銀行の預金金利は0・0001パーセントから0・0002パーセントといった低水準です。せっせと銀行に預金していても、老齢になったときには価値が下落しているのではつまりません。だからこそ、少しでも資金が増やせ、また税金を節約できる企業年金やiDeCoが注目されているのです。こうした制度を上手く利用して、公的年金で不足する老後資金を少しでも増やしていくことは、これからますます重要になっていきます。

なお、iDeCoと同様に注目されている制度にNISA（少額投資非課税制度）があります。こちらは基本的にはiDeCoと同様に節税を目的に利用されることが多く、運用益が非課税なのが特徴の少額投資方法です。iDeCoは60歳以降でないと給付金がもらえませんが、NISAはいつでも解約できます。老後資金を目的にする場合は「つみたてNISA」が利用されます。こちらは20年間非課税で、投資限度額は年間40万円です。こちらは若い世代に特に人気があるようです。2024年には制度改正がありますが、つみたてNISAには特に影響がなく、拠出可能期間が2037年までだったのが2047

年までに延長されるだけです。興味のある方はこちらも調べて、各種年金制度との組み合わせやiDeCoとの組み合わせを検討してみるとよいでしょう。

リスクが許容できるなら各種の投資対象も検討

年金制度やiDeCo、NISAにはあまりリスクはありませんが、投資として見ると、リターンが相応に少なく、満足いくような資産形成ができないと思う方もおられるでしょう。余裕資金がある場合は、もっと他の投資対象を検討してみてもよいかもしれません。ただし私は投資初心者の方がいきなりリスクの高い投資商品に手を出すことはお勧めしません。年金制度やiDeCo、NISAだけでは不安だという方には、最もリスクが低くて安定した老後収入が見込めるワンルームマンション投資だけをお勧めしています。

そうはいっても、投資を考える以上は、各種の投資対象について一度は勉強してみる必要があるのではないかと思います。特に投資に興味がある方には、各種投資商品の営業会社から、電話やメールが頻繁にやってきます。大企業にお勤めの方に限らず中堅・中小企業の方にもさまざまなアプローチがあることと思います。弊社では決して行わない営業方法ですが、特に投機的な商品に関しては昔から積極的に無差別な営業活動が展開されてきています。すべてが怪しいとは言いませんが、投資のリテラシー不足につけこんだリスクの高い投資法をしつこく勧められることがありますので注意が必要です。そのためには、少なくとも投資対象の性格を知っておかなければなりません。もちろん、ｉＤｅＣｏや確定拠出年金の拠出金を何に投資して運用するかを選ぶ際にも、基本的な知識を得ておくことが重要です。

株式投資

株式投資は最もよく知られた投資法ですから、知識不足につけこむ怪しい業者からの直接アプローチはあまりないかもしれません。しかしオンライントレードに誘うメールやウェブ広告は頻繁に目にすることでしょう。それらはたまたま開いたメールやウェブページではあっても、自分の興味からクリックするので、何か自分で探し出した情報のように思いがちですが、実際にはほとんど不特定多数に向けたばらまき型の広告で、会員登録やメールマガジン登録などを行うとその後に電話やメールなどで直接営業のアプローチが行われることがあります。

株式投資には証券会社の仲介が必要で、取引のたびに手数料が発生します。また上場会社に関する情報や社会動向に敏感な方でないとハイリスクな投資になりがちです。現在では手数料が安いオンラインでの取引が隆盛になっているため、営業担当者が電話や訪問でアプローチする手法は厳しくなっており、全体の手数料の値下げも続いています。それだけに、証券会社の営業担当者は株式だけでなく、投資信託、債権、保険などの商品も組み合わせて紹介し、「お客さまに最適なポートフォリオ（投資の配分計画）を作成します」などともちかけることがあります。信頼できる良心的な営業担当者であって、投資できる余裕資金がある場合はよいですが、中にはわざとさまざまな投資商品を売り、売った商品も短期間で買い替えを勧めて、細かく手数料を稼いで自分のノルマを達成しようとする人もいます。特に株式の「回転売買」と言われる、買い替えを繰り返させるような不適切な営業にうかうかと乗ると、手数料だけとられて少しも資産が増えないどころか、マイナスをどんどん増やすことになります。時には億単位の資産をなくした人も出てくるほど、巧みで詐欺まがいの営業も実際に行われているようです。

当然ですがそんな悪質な会社ばかりではなく、大多数の営業担当者は真面目に顧客の資産を増やすために情報収集や投資計画作成に汗を流しています。とはいえどれだけ真面目にやっていても、損をするときには損をするのが株式投資です。プロでも難しい株式投資で素人が大きく儲けるのはほとんど無理ではないかと私は思います。でも、大儲けをしなくても、生活を豊かにできる株式投資の方法もあると思っています。

少し整理して説明します。株式投資で得られる利益は2通りです。一つは上述の株式の売買益です。安いときに買って、高いときに売ると差額が儲かります。これはキャピタルゲインを得るための方法です。しかし売り時と買い時を見誤ると大きな損失を生むかもしれません。また上り調子の事業を展開している会社だからと株を買っても、すぐに業績を落として株価が下がることもありますし、場合によっては倒産の憂き目に遭うこともあります。また輸出や輸入が業績を左右する会社の場合、為替の動きが強く影響します。また国内および世界の景気動向、あるいは金利の変動など、その会社の努力ではどうにもならない外的事象で株価を下げることも多くあります。時には株の価値がゼロになる危険も含んでいることに注意してください。

もう一つの利益は、配当金や株主優待制度です。こちらは売却益ではなく、会社が業績に応じて株主に年に1～2回など期ごとで配分する配当金や、株主が長期に株を保有してくれることを狙った株主優待サービスによるインカムゲインを得ることを主眼にした考え方です。こちらは出資した金額に対してどのくらいの配当金がもらえるのかを「利回り」として計算することができます。配当金は業績が上がらない会社では出ませんが、２０２１年７月現在での東証一部上場企業で配当が出た企業の平均利回りは１・89パーセント（全体では１・74パーセント）、二部上場企業では２・07パーセント（全体では１・82パーセント）でした。外国株だと20パーセントを超えるような利回りの銘柄もあって、総じて配当金が高く、10年以上にわたって連続して増配している企業もかなりあります。また四半期配当（年４回配当金が入る）の銘柄も多いので、魅力的に映ります。ただ堅実に実績を上げている会社はだいたい１パーセント以下から数パーセント台の利回りのケースが多いようです。ともあれ、安定して業績を上げている会社の株式配当金は、売買のときのような大金が動くことはなくても着実・堅実に収益が得られる可能性が高くなります。

また、日本では特に株主に株主優待制度を設けている企業がたくさんあります。例えばレストランチェーンの食事クーポンや、テーマパークの無料入場クーポン、食品会社の自社商品プレゼントなどは人気があります。株式を持つことは、そもそも発行会社の事業を応援することが本質ですから、自分が好きな会社のサービスや商品の利用が優遇されるのは嬉しいことに違いありません。株式の長期保有者、つまり簡単に手放さずにいてくれる株主の存在は発行会社にとって大事ですから、長期保有によって株主優待がさらに手厚くなるケースもあります。これを目当てに株を保有する人も多いのです。

株式投資のリスクは為替変動、景気変動、発行会社や業界の業績悪化などの要因で株価が変動し、変動の予測が難しいことです。配当金が下がったり無配になるリスクがありますし、経営破綻したら株式は無価値になります。また、株式を売った場合にお金が入るのは約3日後になりますし、売りたくても買い手がつかない場合もあり、必要なときにすぐに現金化できないことにも注意してください。ただし景気が低調でも業績を上げる企業はありますし、為替の影響は輸入・輸出のどちらかに有利になるため、機敏に買い替えなどの対応ができれば損失を防ぎ利益を上げられます。配当金や株主優待制度の魅力を重視する場合は、経営が安定している会社を選べば、景気や為替変動に一喜一憂することなく、長期的に薄く利益を得ることになり、安心できるのではないかと思います。ただしやはり投資経験や最新の情報収集の仕組みがなければ、リスクは高いことに変わりありません。

債権投資

債権投資は、国や企業が市場から資金を借りるために発行する有価証券の売買を行うものです。債権には公共債と民間債の別があり、公共債には国が発行する国債、地方自治体が発行する地方債、政府関連機関が発行する政府関係機関債、外国の政府や関係機関などが発行する外国債があります。民間債には事業債と金融債があります。

発行する国や、組織なり会社なりが、資金が必要なときに有価証券（＝債権）を発行します。それを引き受けて買い取るのは金融機関や投資機関、個人投資家などです。簡単にいえば、国や企業などが借金を申し出て、お金を貸してくれる人がいれば、借用証がわりに発行するのが債権です。

公共債は国や地方自治体などが発行元になりますから、安心感があります。政情不安定な国ならともかく、日本や先進国の発行する国債、経済力のある地方自治体などの地方債は価値がなくなるリスク、つまり借金を踏み倒されるリスクがまずないのが特徴です。債権には償還期限があり、期限がきたら額面の金額が返済されますが、その前の時点で債権をもっている人に利息が支払われます。ですから「利回り」がある投資商品でもあるわけです。利回りは10年期限の日本国債で０・０１４パーセント、アメリカ10年国債で１・25パーセント（２０２１年８月）程度です。使う予定がないお金の使い方として、銀行の定期預金よりは有利かもしれません。また満期を待たずに債権を売却することもできます。そのときの市場価格が上がっていれば購入時との差額が利益になります。ただし景気の動向、金利の変動、外国債の場合は為替の変動、その他の要因で市場価値が上がる場合もあれば下がる場合もあります。

民間債は、公共債よりもだいたいの場合で利回りが高いのが特徴です。ただし民間債への投資を検討するときには、企業の経営悪化や破綻などの「信用リスク」を織り込んで考える必要があります。また、金利の変動、外国債の場合は為替相場の変動、国内外の政策による影響も、市場価格に大きく影響します。一般に、金利が上昇する局面では市場価格は下がり、逆に、金利が低下する過程では市場価格は上がるという関係にあります。

総じて言えば、債権投資の収益性はあまり高くありません。また信用のおける国や地方自治体、あるいは安定した事業を行っている大企業の債権はリスクは低いものの、利回りはその他の債権投資よりも低くなります。逆に言えば、利回りが高い債権投資はリスクが大きいとも言えます。外国債は為替の影響が強いため、国内債よりもリスクは大きいといえるでしょう。償還期限までの途中で売却しなければ、元本が原則としては保証されますし、期限までの間は利息が入りますから銀行預金に比べれば割がよいのは間違いありません。ただし、あまり発行額は多くなく、条件のよい債権は金融機関や証券会社、証券会社の優良顧客などが先に手に入れてしまい、欲しいときに欲しい債権が手に入らないことがままあります。また「劣後債」と呼ばれる債権の元本が戻ってくる優先順位の低い債権や、「仕組債」と呼ばれる株式の形で償還されたり、低下した株価指数に連動して償還金額が下がったりするものもあります。そうした元本が戻らない可能性がある債権には注意しなければなりません。証券会社の中にはこうした危ない債権を勧める場合があるからです。また、売却時にすぐに買い手がつくとは限らず、お金が入るのは約定日から3日かかるのは株式の場合と同様です。お金がすぐに必要なときに引き出せる預貯金とは異なりますのでこの点も注意が必要です。

投資信託

投資信託は、株式や債権などの金融商品を、証券会社などのファンドマネージャーが組み合わせて運用し、その運用益を得るものです。投資のプロの判断で投資信託の商品がつくられ、それを投資家が1口、２口といった単位で共同で買う形になります。多様な組み合わせの投資信託商品が提供されており、ローリスク・ローリターンの利回りが低いもののリスクは少ないタイプから、ハイリスク・ハイリターンで利回りが非常に高いけれど値動きが激しくリスクが高いものまで、さまざまなタイプの商品があります。投資家は自分の好みや目的に応じて適切と思うものを選んで買うことになります。投資信託は無期限のものもありますが、たいていは3年、5年、10年といった運用期間（信託期間）が決まっていて、その期間中に、毎月あるいは決められた期ごとに分配金が支払われます（分配金がない商品もありますが）。この分配金の額が投資信託の分配金利回りを決めます。一般的には分配金利回りが大きい商品はリスクも大きく、利回りが小さい商品はリスクが小さいといえます。

運用期間終了時には口数に応じて業者に残っている純資産が分配（償還）されます。そのときに金額が増えていれば儲かる仕組みです。運用実績に応じて償還期日は繰り上げられたり延長されたりすることがあります。ただし実際には分配金を再投資・累積投資（さらに投資信託を買う）に回して、さらに大きな分配金を狙うケースが多いようです。運用で得た利益を元本に加えて再投資することで「複利効果」が生まれ、利益がどんどん増えていくからです。

なお、期間内で売却することもでき、その際の運用実績に応じて価格（基準価額）が上下します。分配金でインカムゲインを得ながら、適切なタイミングで売却してキャピタルゲインを得るのが投資信託への投資法です。ただし元本保証はありません。価格は常時変わるので、どのような価格になったら売却するといった計画を立てておくと、思わぬ損を防ぐことができます。また少額から始められるのも特徴で、ｉＤｅＣｏや確定拠出年金、ＮＩＳＡの運用先としてもよく利用されています。

投資信託には国内株中心のもの、債権中心のもの、外国証券中心のものなど、さまざまな特徴をもつものがあり、利回りもさまざまです。自分で各種金融商品を売買するより楽ではありますが、どの投資信託を選ぶかも難しいところがあります。

なお、Ｊ－ＲＥＩＴ（不動産投資信託）も投資信託の一種です。こちらは有価証券ではなく不動産に投資する投資信託です。不動産投資法人が多くの投資家からお金を広く、薄く集めて不動産（賃貸物件）に投資して、運用益を投資家に分配する仕組みです。株式よりも利回りがよいケースが多く、個人では手が出せないホテルや物流施設などの物件からの収益の分配金が、ごく少額の投資で得られるのがメリットです。またＪ－ＲＥＩＴは証券取引所に上場しているので、売りたくなったら売り注文を出せば数日で現金化できるところが、現物不動産投資とは違います。ただし、株式同様に価格変動がありますので、売却時に累計分配金を上回る売却損（＝元本割れ）が出ることもあります。また投資の際に銀行融資を利用できませんし、分配金は決算ごと（年に1～2回など）に入り、毎月の収入になりにくいことにも注意が必要です。

その他の投資対象

これらの投資対象以外にも、金やプラチナなどの現物投資、FX（外国為替証拠金取引）、先物取引などの投資対象があります。

金やプラチナなどの貴金属は、そのものに価値があるので全世界で安定した価格で売却可能なため、保有していることが安心のもとになります。しかし保有していても利息がつかないので、定期的にお金が入ってくるわけではありません。ただ、コロナ禍で金相場は極端な高値がつきました。世情が不安定な時こそ人気が出る特異な投資対象と言えるでしょう。毎月少額の積立で金が買える純金積立もありますので、資金に大きな余裕がある場合には検討してみてもよいかもしれません。

FXは外国通貨の為替変動に注目した投資法です。2国間の為替レートの変動で生じる差額で利益を得る仕組みで、実際に投資する金額の最大25倍の金額の取引ができるところが特徴です。これを「レバレッジを利かす」といいますが、手元の資金以上の取引をするために差額がプラスであればよいですが、マイナスになると経済的に破綻する可能性が高くなり、非常に危険が大きい投資対象といえます。各種の先物取引も同様に、やはり手元の資金以上の取引が行えます。これもハイリスクです。また近年は暗号資産（仮想通貨）への投資も盛んになりました。ビットコイン、ビットコインキャッシュ、イーサリアムといった代表的な暗号資産のほか、多数の暗号資産が専門の取引所で売買されています。海外の一部では暗号資産を通貨の代わりに利用しようとする動きが出てきており、今年６月にはエルサルバドルがビットコインを法定通貨に採用するというニュースがありました。しかし現時点では日本をはじめとしてほとんどの国は国家として暗号資産の価値を保証してはいません。また取引の値動きは極端に乱高下しますし、ハッキングなどによる暗号資産の流出事件や、詐欺事件が多発しているため、真剣に資産形成したいと考える人にはなかなかお勧めできるものではありません。

さて、この章では老後の生活不安を公的年金や企業年金で解消できるのかどうかを、社会的な背景を含めて考えてきました。さらにｉＤｅＣｏ、ＮＩＳＡ、株式、債権、投資信託、その他の投資対象の特徴も見てきました。50代後半の収入のピーク時に慣れ親しんだ生活レベルを60歳を超えても維持するためには、その後30年で公的年金だけでは2000万円を大きく超える金額が不足します。企業年金と退職金でその赤字を補塡しても不足する部分は現役時代に積み立てた預貯金を切り崩すしかありません。病気や怪我、万一の事故などを想定すると、より多くの収入がどうしても必要になります。そのためには老齢年金とは異なる種類の投資によって収益を得ることが望ましく、さまざまな投資対象を視野に入れて資金を投入していくことを考えるのが得策です。

いくつもある投資対象の選択肢についてそれぞれ簡単に性格とメリット、デメリットを紹介してきましたが、安定して収益が得られて元本が減るリスクがない投資対象では、利回りが小さいことがおわかりいただけたのではないかと思います。1パーセント前後の利回りでも、銀行預金の利息に比較すると十分に意味があります。しかし、この章で詳しく紹介していない「不動産投資」、それも首都圏のワンルームマンション投資は、弊社実績では4パーセント前後の利回りが得られています。しかもリスクは非常に小さく、年金代わり、生命保険代わり、あるいは年金や保険で不足する金額の補塡手段として役立つものでもあります。次の章から、いよいよワンルームマンション投資が老後の生活不安を解消できるものなのかどうか、詳しく説明していきます。

第3章　バランスシートを活かしたワンルームマンション投資

前章で、現役時代を終えた後も豊かな人生を維持するために、年金では不足する金額をどのように補填できるかを、年金や各種の投資対象について見てきましたが、安全・安心な低リスクの投資対象は限られているばかりでなく、利回りで考えると1パーセント前後での運用になるケースが多いことがおわかりいただけたかと思います。しかし不動産投資、それも首都圏のワンルームマンション投資は違います。その違いを分解すると、次のようなポイントになります。これらはワンルームマンション投資のメリットとして受け取っていただいてかまいません。

ワンルームマンション投資が他の投資と異なるポイント

①マンション購入金額（元手）は大部分を銀行融資に頼ることができる。
②マンションを貸し出して家賃を得ると、借入金（ローン）返済の大部分に充当することができる。
③マンション購入時に加入する団体信用保険により、返済期間中は生命保険同等の保証が得られる。
④マンション投資の利回りはおよそ4パーセント前後で運用できる。

⑤マンションはローン返済期間中でも完済後でも、いつでも売却できる。
⑥ローン完済後はマンションそのものが資産として残る。
⑦マンション購入後、一定期間は減価償却費の計上により高い節税効果がある。
⑧マンションを親族に相続する場合、相続税が他の資産よりも低くなる。
⑨投資運用に労力や時間がほとんどかからない。
⑩終身の金銭的保証に加え、子ども世代にわたる投資設計が可能。

良心的な不動産会社から購入する場合だと、①～⑧のメリットは必ず同じように得られるはずです。⑨と⑩は、お客さまとの関係性をどれだけ重視して綿密なサポートや計画を行えるか、不動産会社の力量に左右される部分があります。特に⑩についてはこれまであまり言及されることがありませんでしたが、弊社のお客さまにはご提案させていただいて高く評価されているポイントです。少なくとも弊社は、これら10個すべてのメリットを最大限に活用していただけるように、私自身と全社員が等しく心を尽くしているつもりでおります。ここでは、モデルケースを例にした投資シミュレーションをはさみながらこれら10個のポイントを解説していきます。

ただし、投資であるからには、メリットの反面で多少なりともリスクがあること、あるいは注意すべきポイントがあることも理解しておかなければなりません。最もリスクが少ないのは預貯金かもしれませんが、それだけでは将来の不安が拭えないことは、第2章で述べたとおりです。預貯金や年金に上乗せできる収入を得るための投資対象として、最もリスクが低いのがワンルームマンション投資だと私は考えますが、それを説明するときに、一般的な懸念ポイントとしてお客さまが挙げられることは、次のような7つの点です。

ワンルームマンション投資の懸念ポイント

①当初は年間収支がマイナス（赤字）になることを覚悟しなければならない。
②賃貸マンションとして提供する場合、空室になるとローン返済分が赤字になる。
③賃貸入居者の滞納リスクがある。
④自然災害や経年劣化により資産価値が下がる場合がある。
⑤周辺地域の家賃下落により、家賃を下げないと入居者が得られない場合がある。
⑥金利上昇により、変動金利ローンでは資金計画の変更に迫られることがある。
⑦売却に一定の時間がかかり、急な現金化が難しい。

こうした懸念に対しては、できる限りリスクを低減できる物件を選ぶこと（そのような投資対象が選定できる目利きの不動産会社を選ぶこと）と、賃貸経営上のさまざまな疑問や課題に真摯にスピーディに答えられる不動産管理サービスを選ぶことにより、多くが低減または解消できます。自然災害や経年劣化、周辺地域の問題、金利の問題については個人や不動産会社単独で対応できることは限られますが、そうしたリスクを織り込んで不動産投資や経営の計画を立てることは可能です。リスクを理解されたうえで、上述のメリットを享受するにはどうすればよいのかについてもシミュレーションの中で触れていきます。

ワンルームマンション投資の基本＝私的年金としての考え方

ワンルームマンション投資の目的は大きく分ければ二つです。一つは老後に不足する資金を得るための私的年金的な役割を期待するものであり、もう一つは生命保険的な役割に重きを置くものです。

まずは私的年金的な役割を中心に、投資の実際を考えてみます。これは働かなくとも入ってくる収入、いわゆる「不労所得」を得るための投資です。購入したワンルームマンションを賃貸することで、借主から毎月得られる家賃収入がこれにあたります。

　ワンルームマンション投資のよいところの一つは、たとえ自己資金がなくとも、銀行などの金融機関が資金を提供してくれるところです。もちろん返済が必要な融資の形ですが、これはワンルームマンション投資用にパッケージされた専用ローン商品なのです。ワンルームマンションを購入することは、この投資専用のローン商品を購入することと考えてもかまいません。

　このローンの特徴の一つは、後で述べる団体信用保険がパッケージされていることです。またローンの担保は購入するマンションそのものになります。

　もちろん金融機関は損をするビジネスはしませんから、万が一ローン返済が停止したら現物の担保を引き取ります。しかしローンが完済されたときには担保物件の権利＝抵当権はなくなります。最初にローン契約して物件を購入した時点からマンションはあなたの資産ですが、ローン完済時点で返済の必要がない、無料で自由に使える資産になります。引き続き賃貸に使っていくことで、家賃から必要経費を引いた金額がまるまるあなたの毎月の収入になるのです。

　では、モデルケースで試算してみましょう。

30歳で2500万円クラスの物件を買うとどうなる？

　仮にあなたが30歳で、一流企業にお勤めで年収が１０００万円あり、結婚していて配偶者には金銭収入がないものとして考えてみます。なぜ30歳で１０００万円の収入を想定するかといえば、弊社からワンルームマンションを購入する方の典型的な年齢条件・収入条件だからです。また、金融機関によるローン審査に間違いなく通る条件でもあります。金融機関による審査は、ローン返済が確実にできる能力があるかどうかを判断するものです。この先数十年の間に倒産するリスクがほとんどない大企業、一流企業、歴史ある企業にお勤めの方ですと、審査は通りやすくなります。またそのような企業にお勤めであれば、年収は年齢とともに徐々に上がっていき、５００万円以上、６００万円以上、１０００万円以上の収入になっていくことが期待できます。それだけの年収がある状態でワンルームマンションの家賃収入が望めるということは、ローン返済に問題はないだろうと判断されるわけです。この収入条件と勤務先の条件をクリアできる人なら年齢条件は関係ありません。購入時の年齢は若ければ若いほど有利になりますので、実際には年収が５００万円以上になった時点で、マンション投資を考えてみるとよいと思います。お勤め先の評価がよければ融資の審査は通ります。

なお、未成年の方とのローン契約は合法ではありますがリスクが伴いますので、たいていの金融機関では断られます。これはマンション投資でも同じです。ただし成人の方であれば一般的な融資審査では通らないような学生や自営業・フリーランスの方でも、ワンルームマンション投資なら融資が実行される可能性があります。現物が担保になりますから、将来の長期的な収入見通しが不明確でも融資可能と考えられることがあるのです。とはいえ弊社では、契約する方の安全・安心のためにも、年収は500万円以上の方、また安定した企業にお勤めの方、そして健康状態に問題のないことを事前に確認させていただいてから、ご提案を差し上げることにしています。自己資金の額や資産状況などを考慮に入れて、最適な投資計画をおつくりしています。

自己資金ゼロで試算してみると

まず大枠の投資条件を［図1］に示します。首都圏内の単身者向けワンルームマンション（築7年）を購入した場合の例です。売買価格は税込みで2620万円の物件を想定し

売買価格	2620 万円（税込）
融資金額	2610 万円
金融機関	投資用マンションローン
支払金利	1.8%（変動）
融資期間	35 年（420 回）
建物比率	0.55（経費算入割合）
管理費・修繕積立金	6600 円（月あたり）
登記費用・他	90 万円（登記時・概算）
ローン返済額	8 万 3805 円（月）35 年
家賃収入	9 万円（月あたり）
管理委託手数料	9000 円（月あたり）
不動産取得税	18 万円（初年度のみ・概算）
固定資産税	6 万円（毎年・概算）
取得月	6 月

自己資金	0 円
手付金	10 万円
初期費用	90 万円
保証料	0 円

［図 1］　自己資金ゼロでの投資シミュレーションの想定条件

ています。このうち10万円を手付金として支払い、残りの2610万円を銀行から借り入れます。当然ですが借り入れる金額が少なければ少ないほど毎月の支払いは安くなります（後述）。自己資金ゼロの場合だと、初年度は手付金、登記費用、不動産所得税などで概算金額ですが100万円ほどが必要です。そのほかに毎月の管理費・修繕積立金、場合によりますが管理委託手数料（弊社の場合は家賃収入の10パーセントが目安です）、固定資産税がかかります。これらの金額はあなたの懐から出ていくのではありません。すべてが銀行融資によって支払われます。もちろん毎月の返済は必要です。この場合だと35年ローンを想定していて、2610万円のローンは変動金利で、現在は1・8パーセントの利率とします。計算式は省きますが、毎月の支払いは8万3805円になります。

変動金利でも実際の家賃収入には影響が少ない

変動金利ですから経済情勢や政策によって変動はします。しかし、ここ10年あまりは政府と日銀による超低金利が続いており、購入しやすい状況になっています。金利の変動は不確定要素ですが、金利の上昇は物価の上昇を誘います。物価の上昇トレンドは賃貸物件の家賃にも及びます。実をいうと、どのように金融政策が変わっても、ワンルームマンションのインカムゲインはほとんど変動しないのです。細かい数字は変化するかもしれませんが、大枠ではいつでも同じような利幅で運用できています。

首都圏マンションなら9万円の家賃で賃貸が可能

では、このマンションをいくらで第三者に貸せるかというと、このクラスの物件では、首都圏なら9万円くらいが相場です。家賃相場は地域によって大きく変わり、地方だと家賃の変動がかなり大きい場合もありますが、東京と近県に限ってはまったくそのような傾向が見られません。コロナ禍によって２０２０年と２０２１年は少し様子が違っているようではありますが、常に一貫して単身者向けの住宅は供給不足、需要は高止まりしています。つまり首都圏のワンルームマンションにはいつでも需要があり、入居希望者が絶えずいる状況にあります。地方が過疎化し、首都圏や大都市圏に人口が集中する状況がコロナ禍以前には続いていましたから、この傾向は感覚的にもうなずけるところかと思います。

コロナ禍で東京から人口が流出している状況でマンション需要はどうなる?

ただしコロナ禍により首都圏への人口流入は抑えられ、転出者が多くなったことも事実です。しかし企業も官公庁も本社機能を地方に移す動きはわずかですし、リモートワークが一般化したとはいえ、週に何度かの出社を義務づけている企業もあります。リモートワークを一時は全社員に適用した企業も一部は元どおりにオフィスで働ける環境に戻している場合もあります。

リモートワークによって働く場所を問わない業務形態は今後も拡大していくと思いますが、本社などの建物の立地は交通アクセスの条件や関連する企業・官公庁の集中度合いからみても、地方に移転するうまみはあまりないというのも事実です。オフィスが東京にある企業の従業員の方は、どうしても首都圏内、できれば東京23区内に住みたいと思う人が多くなります。だからこそ東京都は長年にわたって転入人口が増加してきたのです。

コロナ禍で初めて転出が増加する逆転現象が起きました。ただしその現象はほとんど東京特別区内に限られており、周辺の神奈川県、埼玉県では同様の転出増は見られず、千葉県ではかえって30パーセントほど流入超過しています。東京都内は緊急事態宣言が長く続いた影響もあり、広範囲での人の移動が抑制されたことがこの背景にあると思います。コロナ禍が収束した時点で、首都圏への人口流入がどうなるのか、まだ不透明な状況ではありますが、東京都内には優れたオフィス立地だけでなく、住環境としても魅力あるエリアが多数あり、若い人のマンション需要がこのまま低下していくことはなく、いずれは転入超過のトレンドに回復するのではないかと見ています。

年間の収支はどうなる？

さて、収支の計算に戻りますが、融資返済額と家賃収入の差額は６１９５円です。しかしこれがそのまま利益になるのではなく、毎月の管理費や修繕積立金、管理委託手数料、毎年の固定資産税がかかってきます。ここでは平均的な首都圏マンションの相場に従い、管理費が毎月４２００円、修繕積立金が毎月２４００円、管理委託手数料が毎月９０００円、固定資産税は概算で毎年6万円とします。これらを差し引くと、家賃収入金額を超えて赤字になります。赤字がどのくらいの規模になるかは、初年度と2年目以降で大きく異なります。帳簿上での収支計算を［図2］に示します。ここでは6月にマンションを取得したという前提で、初期費用と毎月の収支を計算しています。なお修繕積立金は確定申告時に経費にできない出費です。

結果は、初年度の経費が１５７万２６６６円、2年目以降は１３８万５３０４円になります。収入のほうは初年度が63万円、2年目以降が１０８万円になります。すると収支は、

経費	初年度 2021年6月～12月	2年目 2022年1月～12月
（躯体）減価償却費：定額	14万7102円	25万2175円
（設備）減価償却費：定額	28万2436円	48万4176円
年間支払金利	15万0728円	25万0553円
建物管理費	2万9400円	5万0400円
管理委託手数料	6万3000円	10万8000円
諸費用・他	90万円	0円
不動産取得税	0円	18万円
固定資産税	0円	6万円
保証料	0円	0円
経費合計	157万2666円	138万5304円

収入	初年度 2021年6月～12月	2年目 2022年1月～12月
年間家賃収入	63万円	108万円
収入合計	63万円	108万円

収支	初年度 2021年6月～12月	2年目 2022年1月～12月
不動産所得	–94万2000円	–30万5000円

［図2］　自己資金ゼロでの投資での収支計算（帳簿上）

家賃収入
月額９万円

－

ローン月額８万 3805 円

管理委託手数料　9440 円
（振込手数料含む）

管理費＋修繕積立金 6600 円

＝ 月額収支　－9845 円

［図 3］　月額収支の計算

初年度はマイナス94万２０００円、２年目以降はマイナス30万５０００円となります。

毎月の収支はどうなる?

年間にどれだけの経費がかかるのかがわかりました。では毎月の収支はどうでしょうか。

家賃収入は９万円を想定していますから、そこから経費とローン返済額を引けば毎月の収支が出てきます［図３］。毎月の経費となるのは管理費・修繕積立金、管理委託手数料です。こちらはあまり変動しないので、単純化すると、管理費・修繕積立金は６６００円、管理委託手数料は９４４０円と見込めます。ローン月額は、自己資金ゼロのフルローンとするモデルケースの場合は８万３８０５円になります。家賃収入からこれら経費を引くと、毎月の収支はマイナス９８４５円になります。この帳簿上の赤字は、一見すると損をしているかのように見えるかもしれませんが、実はこの約1万円が、後々はるかに大きな価値がある資産として返ってくるのです。

どういうことでしょうか。これはワンルームマンション投資の基本的な考え方なのですが、自分のお金はなるべく出さず、マンションに居住する入居者の方からの家賃でローンを返済して、年を重ねるごとに自分の純資産（資産から負債を引いたもの）を増やしていく「モーゲージリダクション＝純資産投資」と呼ばれる投資法です。つまり、マンションを購入した代金のほとんどを入居者の方に払ってもらい、その間にローンを返済して純資産を増やし、最終的にはローンを完済して、借入金の担保になっていない、完全に自分のものとなったマンションを手に入れることになります。

つまり、毎月1万円の出費で、購入時２５００万円だったマンションが手に入ります。そのローン返済の負担の大部分をマンションへの入居者が負担してくれるというわけです。単純計算すると1年に約12万円の出費を35年間続けると、合計で約４２０万円になりますが、その金額でその後数十年にわたって家賃収入を生み出す資産が手に入ります。場合によっては売却することもでき、首都圏のマンションなら35年を経過した物件でも

ローン月額　８万 3805 円

	元金		資産形成効率	利息
１年目～	４万 5397 円	➡	4.61 倍	３万 8408 円
６年目～	４万 8784 円	➡	4.96 倍	３万 5021 円
11 年目～	５万 3374 円	➡	5.42 倍	３万 0431 円
16 年目～	５万 8397 円	➡	5.93 倍	２万 5408 円
21 年目～	６万 3892 円	➡	6.49 倍	１万 9913 円
26 年目～	６万 9904 円	➡	7.10 倍	１万 3901 円
31 年目～	７万 6482 円	➡	7.77 倍	7323 円

※ 利息月額は小数点以下四捨五入により１円の誤差あり。
※ 資産形成効率は、113 ページ［図３］の月額収支(−9845 円＝毎月の負担金額)が元金返済＝純資産形成にどれだけ寄与するのかを表します。

［図４］　月額収支の計算

１０００万円を大きく超える価格で売ることも可能なケースがあります。

少し詳しく解説すると、ローンの月額には利息部分と元金部分（マンションそのものの値段）が含まれています。ローン返済の最初のうちは利息部分の比率が大きいのですが、徐々に元金部分の比率が大きくなり、元金を返済していくごとに純資産が増えていきます。どれだけ増えるかは資産形成効率といいますが、約1万円の価値が1年目には4・61倍に、16年目には5・93倍に、31年目には7・77倍に増えることになります［図４］。

また、これに加えてローン月額の利

ローン月額　8万3805円

	年間利息額	経費計上金額
1年目〜	46万0892円	25万3490円
6年目〜	42万0254円	23万1139円
11年目〜	36万5167円	20万0842円
16年目〜	30万4896円	16万7693円
21年目〜	23万8954円	13万1425円
26年目〜	16万6807円	9万1744円
31年目〜	8万7871円	4万8329円

※ ローン返済額のうち、経費として計上できるのは年間利息額のうち建物部分に対する利息金額です（土地部分に対する利息額は経費になりません）。

［図5］　年間利息額と経費計上金額の試算

息部分は経費になり、節税に役立ちます（後述）。ただし建物にかかわる部分と土地にかかわる部分で計算が異なります。複雑になりすぎるので詳細は省きますが、［図5］には利息部分がどのように経費として計上できるのかを示しておきます。当初は多額の経費を計上できるため、より節税効果があります。

なお、収支計算で管理委託手数料（これも経費になります）が気になった方もおられると思います。これが何かというと、一般的には入居者の募集や集金などの各種の手続きや作業を所有者に代わって行ってもらうために、不動産管理会社に支払う費用のことです。弊社ではそのような作業ばかりでなく、家賃保証サービスもこの手数料に含めています。家賃保証サービスは、経営するマンションが空室になった場合に、その分の毎月の家賃を不動産会社が肩代わりして払う仕組みのことで、サブリースとも言われます。これは不動産会社がマンションを借り上げることと同じで、不動産会社の中には強圧的に家賃の値下げなどを行って問題を起こすケースが残念ながらありますが、弊社の場合は、あくまで所有者の方の不安を解消し、マンション経営の負担を可能な限り取り除くことに集中しており、所有者の方の意向に沿わない契約変更などは決して行わないことを前提に、一般的な管理委託契約にプラスした家賃保証を行っています。ごくシンプルな管理委託契約である集金代行契約の場合などで、管理委託手数料を５パーセントなどとしている業者もありますから、弊社の家賃保証つきの契約の場合の月額収支を比べると、手数料が高い分、月額収支の赤字幅が大きくなります。それでも家賃保証と手厚いサポートを提供していますから、弊社のお客さまのほぼすべてがマンション経営負担解消のために、家賃保証つきの管理委託手数料で満足されており、むしろ好評をいただいているところです。

帳簿上の赤字によって生まれる節税効果

給与所得者にとって、帳簿上の赤字が出ることはまったく損にはなりません。給与所得者の場合は、一般的にそこに節税の可能性が生まれます。赤字の分だけ、給与収入の金額を帳簿上で減らすことができるため、所得税と、所得税に連動する住民税の金額が減るのです。給与所得者は税金が源泉徴収されていますが、不動産投資などを実行している場合は必ず確定申告が必要です。確定申告時に不動産収入と経費の収支を計算して、赤字になると、給与収入金額からその分を差し引きされて、あくまで帳簿上のことですが、トータル収入が減少するために、収入と連動した税額が低減することになります。

経費として計上できるのは、ローンの金利分、修繕費、保険料、固定資産税などの税金（所得税・住民税は経費計上できません）、管理委託手数料、各種手続きのための司法書士や税理士などへの報酬、管理費などです。これは実際に支払われる金額ですからわかりやすいのですが、これら以外に減価償却費も経費として計上できるのがポイントです。

減価償却のしくみ

減価償却費とは、建物や設備が経年劣化して価値が低下していく分を損失とみなして経費扱いにするものです。実際に金額が出ていくわけではありませんが、建物と設備部分の購入費用を、法定の耐用年数で割り算した金額が毎年の減価償却費＝経費として計上できるのです。

ワンルームマンションでも建物と土地を合わせて購入することになりますが、減価償却の対象となるのは建物部分のみです。１０７ページの［図1］の試算条件に「建物比率」として０・55と記載していますが、これは購入価格の55パーセントが建物部分の価格、残りが土地の価格ということです。つまり購入価格の55パーセントについて、減価償却が認められます。土地部分と建物部分という2種類の資産評価がされるわけですが、建物部分には建物そのもの（躯体）と、付帯する空調設備やガス設備その他の部屋の中の設備が含まれています。減価償却の計算は、現在では「定額法」と呼ばれる計算法が用いられており（過去には定率法もありました）、毎年決まった金額の減価償却費が経費として計上できるようになっています。

定額の減価償却費は減価償却対象の資産価値に対して国税庁が公開している償却率を掛けて計算できます。償却率は耐用年数によって異なり、耐用年数が短いほど高くなります。ワンルームマンションの場合は、鉄筋コンクリート造（ＲＣ造）なので耐用年数が長く、法定耐用年数は47年です。一方、設備に関しては電気やガス設備については15年などの耐用年数が決められています。47年の耐用年数の場合の償却率は０・０２２、15年の耐用年数の場合は0・067です。償却率が違うので、それぞれを別に計算しなくてはなりません。［図2］の減価償却費（定額）の項目が躯体と設備に分かれているのはそのためです。

ただし設備は耐用年数前に修繕が必要になったり、耐用年数までに新規に買い換えたりしなくてはなりません。例えばエアコンなら約7年に一度、給湯器なら約10年に一度といった頻度で交換する必要があります。これには当然費用が発生しますから、投資計画にはそれを織り込んでおかなければなりません。もちろん、買い替え費用も経費として計上できますから節税効果はあります。なお、設備交換などの費用は、修繕積立金と紛らわしいですが、修繕積立金は個々の部屋ではなくマンション全体の修繕（数年おきのマンション大規模修繕）の財源として、マンションの所有者全員が積み立てる金額のことです。こちらは毎月一定金額を拠出することになりますが、だいたいは数年から10年などのスパンで増額されるイメージです。

注目していただきたいのは、要するに実際に大きな金額を支出しているわけではないのに、減価償却費を経費として計上できて、給与収入からその分（経費）を差し引いて税申告でき、結果として税金が安くなる＝節税につながるということです。だからこそ「ワンルームマンション投資には節税効果がある」と一般に言われているわけです。

節税効果を含めたローン完済後の効果は？

次ページの［図６］に、節税金額を計算した結果を記します。実際には土地や建物の資産価値の計算やローン金利の算入の仕方などに複雑なところがありますので、そこは省略させていただいて、ここではモデルケースに準じて計算した結果のみとしました。ここに見るように、初年度は経費が多いので節税額は28万２６００円になり、２年目以降もトータル収支は帳簿上赤字なので金額はぐっと減りますが、やはり節税効果が出てきます。ここでは９万１５００円と計算しましたが、初年度と数年の節税額を合わせての節税が可能だということです。この例は新築物件でのサンプルとなっていますが、中古物件であれば減価償却の年数次第でもっと大きい控除額となることがあります。

これを大きいと見るか、「その程度しかないのか」と見るかは考え方次第です。また、毎月赤字を出しながら節税しても意味ないじゃないかと思う方もおられるでしょう。赤字幅を厳密に計算するときには、経年による家賃引き下げなども織り込んで長期にわたる計算をしなければならないのですが、試みに単純化して考えてみましょう。毎月1万円ほどの赤字を出して経営して35年経過すると、合計の赤字額は４２０万円になりますが、これから節税額を引けば資産化する上での負担は軽減されます。

給与所得金額	1000 万円
社会保険料控除	100 万円
生命保険料控除	5 万円
基礎控除	48 万円
配偶者控除	38 万円

現況

給与収入	1000 万円
給与所得控除後	780 万円
所得控除	191 万円
課税年収	589 万円
所得税	75 万 0500 円
住民税	58 万 9000 円
納税額合計	133 万 9500 円

節税状況	1 回目の確定申告後	2 回目の確定申告後
不動産所得	–94 万 2000 円	–30 万 5000 円
給与収入	1000 万円	1000 万円
給与所得控除後	685 万 8000 円	749 万 5000 円
所得控除	191 万円	191 万円
課税年収	494 万 8000 円	558 万 5000 円
所得税	56 万 2100 円	68 万 9500 円
住民税	49 万 4800 円	55 万 8500 円
納税額合計	105 万 6900 円	124 万 8000 円
所得税節税額	18 万 8400 円	6 万 1000 円
住民税減税額	9 万 4200 円	3 万 0500 円
節税金額合計	28 万 2600 円	9 万 1500 円

[図 6]　節税金額のシミュレーション（概算）

一方、中古ワンルームマンションで築35年の物件は、首都圏の場合なら５００万円を下回る物件は現在の取引事例を見ても少なく、都内なら１０００万円を大きく超えた価格での売却が可能なケースも多くあります。また、ローン完済した物件をそのまま賃貸し続けていれば、経費を引いた家賃がまるまる自分のものになります。たとえ経費や税金を引いた家賃収入が、その時点で当初より低下して月々６万円程度になっていたとしても、年間で72万円の収入になります。

マンションの法定耐用年数は47年ですが、実際には大規模補修をしないで居住できる期間は65年、供用限界期間は約１００年という試算もあります。１００年はさすがに大袈裟だと思いますが、ローン完済後に数十年にわたって賃貸可能である可能性が高いと言えるでしょう。30歳で自己資金ゼロでマンションを購入した人が35年でローンを完済し、その後30年以上賃貸物件として提供した場合には、２０００万円程度のトータル収支になると考えられます。

また、現在では中古マンションへのイメージが変化しており、少し前の時代に「築古《ちくふる》」物件と呼ばれていたマンションも、デザインにこだわった改修・改装を行うことで「リノベーション物件」として生まれ変わり、資産価値を大幅に向上させるケースが増加しています。リノベーションによってデザイン的な魅力や居住の快適性が増すと、家賃は築年に応じて値下げするどころか値上げしても、借り手がすぐに見つかる状況になってきました。若い人が借りるワンルームマンションには特にその傾向が顕著ですし、ワンルームマンションは比較的コンパクトにできていて、設備もそれほど豊富ではなく、リノベーション、リフォームにコストがあまりかからないという特徴があります。たとえリノベーションに200万円かけても家賃を2万円値上げできれば10年後を待たずに元がとれ、トータルの収入はますます増加していくことになります。

このように、ローン返済中は赤字を出していても、ローン完済後には毎月の家賃収入が入り、公的年金や企業年金に加えた私的年金と同じような収入となるのが、ワンルームマンション投資の魅力です。

弊社のお客さまの多くは、そのような老後資金による生活の安定や安心を第一の目的に考えて購入を決めておられます。節税効果はどちらかといえば副次的なメリットとして捉える方がほとんどで、「確定申告をして還付金が思った以上に戻ってきた」ことを、何かボーナスをもらったかのように喜ばれる方が多いのです。

自己資金を投入してキャッシュフローを黒字化する方法

このように見てくると、ワンルームマンション投資の堅実さがおわかりいただけると思いますが、一方で「意外に儲からないものだ」というイメージを持たれた方も多いと思います。自己資金ゼロでも始められて、毎月赤字でも老後の安心が買えるということで満足される方も多いのですが、できれば毎月の収支を黒字化したいと思われる方もなかにはおられます。そのような方にはまずは自己資金の増額のご検討をお勧めしています。実際のお客さまの例では、年収が１０００万円レベルであり、預貯金もそれなりにしておられる方だと、数百万円の余裕資金がある場合が多いのです。もしも自己資金を最初に投入できるなら、融資額は少なくでき、毎月のローン支払いは軽減されます。家賃がローン支払い額を上回るように設計すれば、毎月の収支は黒字化します。

こちらは［図７］に示しますが、自己資金ゼロの場合は毎月１万円ほどの赤字になります。自己資金を２００万円投入した場合は、ローン月額が６４００円ほど低くなるので、家賃と差し引きした赤字額はグンと縮まります。４００万円の自己資金を投入した場合だと、家賃収入はローン支払い額を上回り、月額収支は３０００円ほどの黒字になります。同様に、６００万円を投入すると月額収支が１万円に近づき、８００万円で１万６０００円ほ

自己資金	ローン月額	経費を引いた月額収支
0 円	8 万 3805 円	–9845 円
200 万円	7 万 7383 円	–3423 円
自己資金に対する効果 83,805 円 – 77,383 円 = 6,422 円（月額） 77,062 円（年額） ⇒ 77,062 円 ÷ 2,000,000 円 × 100 = 3.85%（年利）		
400 万円	7 万 0961 円	2999 円
自己資金に対する効果 83,805 円 – 70,961 円 = 12,844 円（月額） 154,124 円（年額） ⇒ 154,124 円 ÷ 4,000,000 円 × 100 = 3.85%（年利）		
600 万円	6 万 4539 円	9421 円
自己資金に対する効果 83,805 円 – 64,539 円 =19,265 円（月額） 231,886 円（年額） ⇒ 231,886 円 ÷ 6,000,000 円 × 100 = 3.85%（年利）		
800 万円	5 万 8118 円	1 万 5842 円
自己資金に対する効果 83,805 円 – 58,118 円 = 25,687 円（月額） 308,248 円（年額） ⇒ 308,248 円 ÷ 8,000,000 円 × 100 = 3.85%（年利）		
1000 万円	5 万 1696 円	2 万 2264 円
自己資金に対する効果 83,805 円 – 51,1696 円 = 32,109 円（月額） 385,310 円（年額） ⇒ 385,310 円 ÷ 10,000,000 円 × 100 = 3.85%（年利）		

月額収支の計算は：

家賃収入月額 9 万円	–	ローン月額（上表）
		管理委託手数料 9440 円
		管理費・修繕積立金 6600 円

［図 7］ 自己資金を投入した場合の毎月の収支の変化

ど、１０００万円の投入なら月額収支は2万２０００円以上にまで増える計算です。ただし年利は２００万円を投入した場合でも１０００万円を投入した場合でも、等しく３・85パーセントです。長期的な観点で見ると同じようなものなのですが、今ある余裕資金を将来の収入増につなげることができます。ただ銀行に預金しておくよりも意義のあることだと思います。

複数物件を購入して繰り上げ返済していく方法

むしろお客さまに好評なのは、数件の物件を購入して、余裕資金を毎年投入してローンの繰り上げ返済をしていくやり方です。これは数百万円を毎年投入できるだけの収入がある方にお勧めする方法です。［図８］に一例を示します。この例は、毎年３００万円を繰り上げ返済用に投入しながら、合計7戸の投資用マンションを経営している実例なのですが、マンション①のローンを毎年３００万円分繰り上げ返済していくと、そのマンション経営はすぐに収支が黒字化します。この例では購入から8年目にローンは完済し、あとは家賃収入がそのまま手に入ります（家賃の経年による低下も織り込んで計算しています）。

このとき他の6戸のマンションはすべて収支が赤字ですが、マンション①の黒字化により赤字は一部補填されます。マンション①のローンが完済できた時点で、繰り上げ返済用に用意した300万円の残り（ここでは、8年目のローン残高が96万円だったので204万円）と、マンション①の黒字分の累積家賃（372万円）を合わせて、マンション②のローンを繰り上げ返済します。するとローン残高が減るのでマンション②の収支はこの時点で黒字化します。

今度はマンション②に毎年300万円を投入して繰り上げ返済していきます。マンション②は毎月黒字を出しながら12年目にローンを完済できます。その時点で、今度はマンション③に対して300万円の残りと累積家賃を合わせてマンション③のローンの繰り上げ返済に回します。するとマンション③の収支が黒字化します。

このやり方で、1戸のマンションのローンを完済したら、次の1戸のマンションに繰り上げ返済用に用意した資金と累積の黒字化した家賃を全部つぎこむようにしていくと、次から次へと6戸のマンションのローンを完済していくことができます。22年目（35歳で投資を始めた場合は56歳になった時点）で6戸のマンションのローンがなくなっています。7戸目のマンションについては、同様に完済していってもいいですが、生命保険的な役割をもたせるためには繰り上げ返済をせずに赤字経営を続けるという選択もあります。

初期費用を含めた借入金全体
1億6220万円
（1戸あたり約2317万円）

購入する物件の1年目ローン残高
マンション①　2317万円
マンション②　2337万円
マンション③　2102万円
マンション④　2239万円
マンション⑤　2356万円
マンション⑥　2337万円
マンション⑦　2209万円

1年目〜8年目

年数	年齢	繰り上げ返済額	収支	繰り上げ返済後残高
1	35歳	300万円	6808円	2017万円
2	36歳	300万円	1万8049円	1709万円
3	37歳	300万円	2万9514円	1375万円
4	38歳	300万円	4万0166円	1017万円
5	39歳	300万円	5万2128円	725万円
6	40歳	300万円	6万4363円	408万円
7	41歳	300万円	7万6892円	99万円
8	42歳	300万円	7万8101円	0（マンション①ローン完済）
完済以降	家賃7万8000円程度が毎月の収入になります。（家賃は経年にともない漸減します）			

マンション①は300万円の投入により当初から毎月黒字を出し、8年目でローンは完済できます。余った繰り上げ返済資金は204万円で、その時点で累積の家賃収入は372万円になっています。その全額をマンション②のローン返済に充てます。
次の見開きで8年目からその後の収支の見込みを説明していきます。

［図8］　複数物件を購入して繰り上げ返済をしていく例（つづく）

→ **13年目～14年目**

13年目でマンション③の収支は黒字化、15年目にマンション③のローンが完済します。

年間の投入金額 300万円 ➡ マンション③のローン繰り上げ返済に投入

15年目（マンション③のローン完済）

マンション①②③の累積家賃収入 ＋ 年間の投入金額 300万円 − マンション③の最後のローン返済額（ここで完済）

⬇

マンション④のローン繰り上げ返済に投入

以降、同様に年間300万円と黒字化マンションの累積家賃をマンション④～⑥のローン繰り上げ返済に投入していきます。

18年目（マンション④のローン完済）、マンション⑤の収支黒字化

20年目（マンション⑤のローン完済）、マンション⑥の収支黒字化

22年目（マンション⑥のローン完済）、マンション⑦の収支黒字化

22年目には6戸のマンションのローンが完済し、マンション⑦を含め全戸の収支が黒字化します。この時点でのキャッシュフローは、経費を差し引いた実質ベースで次のようになります。

月額収入金額	約36万4000円
年間収入金額	約436万8000円

23年目以降は、マンション①～⑦の家賃収入が継続して入ってきます。年間で400万円以上の不労所得が得られる状態を、7戸のマンションが寿命を迎えるまで続けることができます。

［図8］　複数物件を購入して繰り上げ返済をしていく例（つづき）

8年目

マンション②は７年目まで毎月 4300 円～ 5400 円程度の赤字ですが、８年目にマンション①のローンを完済したら 300 万円と累積家賃収入をマンション②のローン返済に充てます。

マンション①の累積家賃収入 ＋ 年間の投入金額 300 万円 − マンション①の最後のローン返済額（ここで完済）

↓

マンション②のローン繰り上げ返済に投入

9年目～11年目

８年目から後、マンション②の収支は黒字化。12 年めにマンション②のローンが完済します。

年間の投入金額 300 万円 ➡ マンション②のローン繰り上げ返済に投入

12年目（マンション②のローン完済）

マンション①②の累積家賃収入 ＋ 年間の投入金額 300 万円 − マンション②の最後のローン返済額（ここで完済）

↓

マンション③のローン繰り上げ返済に投入

年数	年齢	繰り上げ返済額	繰り上げ返済後残高
8	42 歳	576 万円	1431 万円
9	43 歳	393 万円	1000 万円
10	44 歳	393 万円	580 万円
11	45 歳	393 万円	170 万円
12	46 歳	165 万円	0 円（完済）
完済以降		家賃７万 3000 円程度が毎月の収入になります。マンション①の家賃収入を合わせて 15 万円程度の収入が期待できます。	

結局どうなるかといえば、22年目（56歳）時点で年間の家賃収入は実質のキャッシュフローとして436万円以上の黒字になります。またその時点での団体信用生命保険の死亡保険金額はローンを完済していないマンション⑦のローン残高ということになりますから、1000万円以上と換算できます。

毎年300万円の出費はたいへんだとお考えになる方もおられるでしょうが、第2章でデータを示したように、日本で最も給与が高くなる年齢の給与所得者は平均で600〜700万円程度の年収で十分豊かに暮らしています。年収1000万円の人といっても手取りでは720万円程度になりますから、そこから300万円を投入するのはたいへんかもしれませんが、常に7戸から1戸の赤字収支のマンションを経営しているのですから、赤字額は大きくなり、赤字の多さは節税につながります。節税金額を差し引いた差額が実質的な支出金額になりますので、実際には平均的な給与所得者の生活レベルを維持しながら、毎年の繰り上げ返済で純資産を増やしていけることになります。

このシミュレーションでは借入金のトータルが1億6220万円にのぼるため、その金額規模だけを見たらちょっと不安を覚えるかもしれません。しかし税金も含めた実際のキャッシュフローを試算すると、初年度は約53万円の赤字、2年目は183万円以上の赤字になりますが、その後は赤字幅が大きく減り、６年後にはマンション①の黒字で全体のキャッシュフローが黒字化します。黒字はその後ずっと続き、22年後の時点では先ほど示したように、年額で４３６万円以上、月額にすると36万４０００円ほどの収入になっています。その後は家賃の見直しがなければそのレベルの収入が続きます。設備修繕などの際に出費があるので経費がかかることはありますが、それでも日本の平均年収（４６０万円程度）にやや満たない程度の収入が得られる可能性が高くなります。この金額を稼ぐのにまったく労力はかかりません。定年退職をする10年も前から、この程度の不労所得が得られるということです。そのうちにマンション⑦が35年後にローン完済すれば、その分の家賃もまるまる収入になる（税金はかかります）ので、その後仮に10年賃貸できれば４０００万円以上、25年以上続ければ1億円以上の累積家賃が得られることになります。

また、複数のマンションを経営していると、仮に空き室になる期間があってもその分を他のマンションの収入で補填することができます。マンションの立地を少し離れたところに分散しておけば、万一の自然災害などの際にも資産を全部失うようなこともなくなります。もっとも弊社のお客さまは、ほとんどすべて家賃保証つきの管理委託契約を結んでいただいていますので、空き室リスクは契約期間中まったくありませんし、災害などで資産価値が大きく損なわれるような事態はこれまでのところ起きてはいませんが、リスクを分散して生活を守るためにも、複数マンションの経営はお勧めできると思っています。

このような観点から、弊社のお客さまの多くが、最初の投資からあまり間を置かずに次の物件の購入に関心をもたれ、実際に次々に首都圏内のワンルームマンションを購入されています。シミュレーションのようにいきなり7戸を購入するケースは稀ですが、最初の1戸の経営を通してワンルームマンション投資の仕組みを体験した方は、そのリスクの低さと手間がかからないこと、さらに確定申告後の還付金の大きさなどが実感できます。投資の感覚を体感していただくと、漠然とした投資活動への不安が解消され、より低リスクで確実な不労所得が得られる複数マンションへの投資に向かうケースが多いのです。

マンションの「親子リレー」で家族に運用可能な資産が残せる

以上のシミュレーションは、30代の比較的若い方がワンルームマンション投資を始めた場合を想定しています。マンション投資は取り組みが早ければ早いほどうまみが出てくるものではありますが、関心をもたれるのが遅かった方は、50代から投資を始める場合もあります。これは実例ですが、57歳の大手新聞社勤務の方や、同程度の年齢で大手ＩＴ企業にお勤めの方が22年ローンを組んでマンションを購入されたケースがあります。投資用のローンは、物件の収益性と返済能力によって融資可否が判断されるため、年齢はあまり問題とされないのです。自己資金が多い方や、収入条件、資産状況などが十分だと金融機関に判断されれば融資が実行されます。

しかし57歳で投資を始めて22年で完済した時点では78歳になっています。今では１００歳以上でもお元気な方がたくさんおられますが、不労所得のメリットを享受するには余命が少なすぎるのではないかと心配になるかもしれません。しかしその方（Ａさんと呼ぶことにします）は私に言いました。「子どもに私からの最後の贈りものとして資産になるものをプレゼントしたい」と。どういうことでしょうか？

現金でお金を家族に贈与したいと思っても、一度に１１０万円（基礎控除額）を超える金額を贈与すると贈与税がかかります。１０００万円から２０００万円を贈与する場合には40パーセントから45パーセントの税率で税金がかかるのです。毎年１１０万円ずつ贈与すれば税金がかからないのですが、10年、20年とそれが続けられるかはわかりませんし、そもそもそれだけの金額を投資運用せずに銀行預金していたのでは、宝の持ち腐れになってしまいます。Ａさんは現金ではなく、もっと家族の利益になるような資産を残したいと考えていたのです。

この相談を受け、私はAさんの年収条件などが十分なので融資がおりると確信しましたから、22年ローンで投資用ワンルームマンションを購入することを提案しました。22年ローンだと、35年ローンよりも短期で返済しなければならないので、毎月の家賃収入から返済額を引いた赤字は大きくなり、1戸につき4万円程度の負担が必要になります。しかし一方でローンが短期なだけに、元金がどんどん減っていきます。

Aさんのお子さん（Bさんとします）は14歳だったので、11年後、ローン期間の半分を過ぎた頃には25歳になっています。その時点では2500万円のローン元金が1500万円にまで減るはずです。

Bさんはその頃にはおそらく就職しているので、一般的なローンが組める状況にあると考えられます。そこで、Bさんに1500万円のローンを組んでもらい、親であるAさんからマンションを買い取るようにしてはどうかと提案しました。

このスキームでは、親であるAさんは11年間、毎月4万円程度を支払い続けます。それでどんどんマンションのローン元金を減らし、十分に減った状態でBさんに売却することになります。Bさんは、その代金をローンで払いますが、月々のローン返済額はその時点

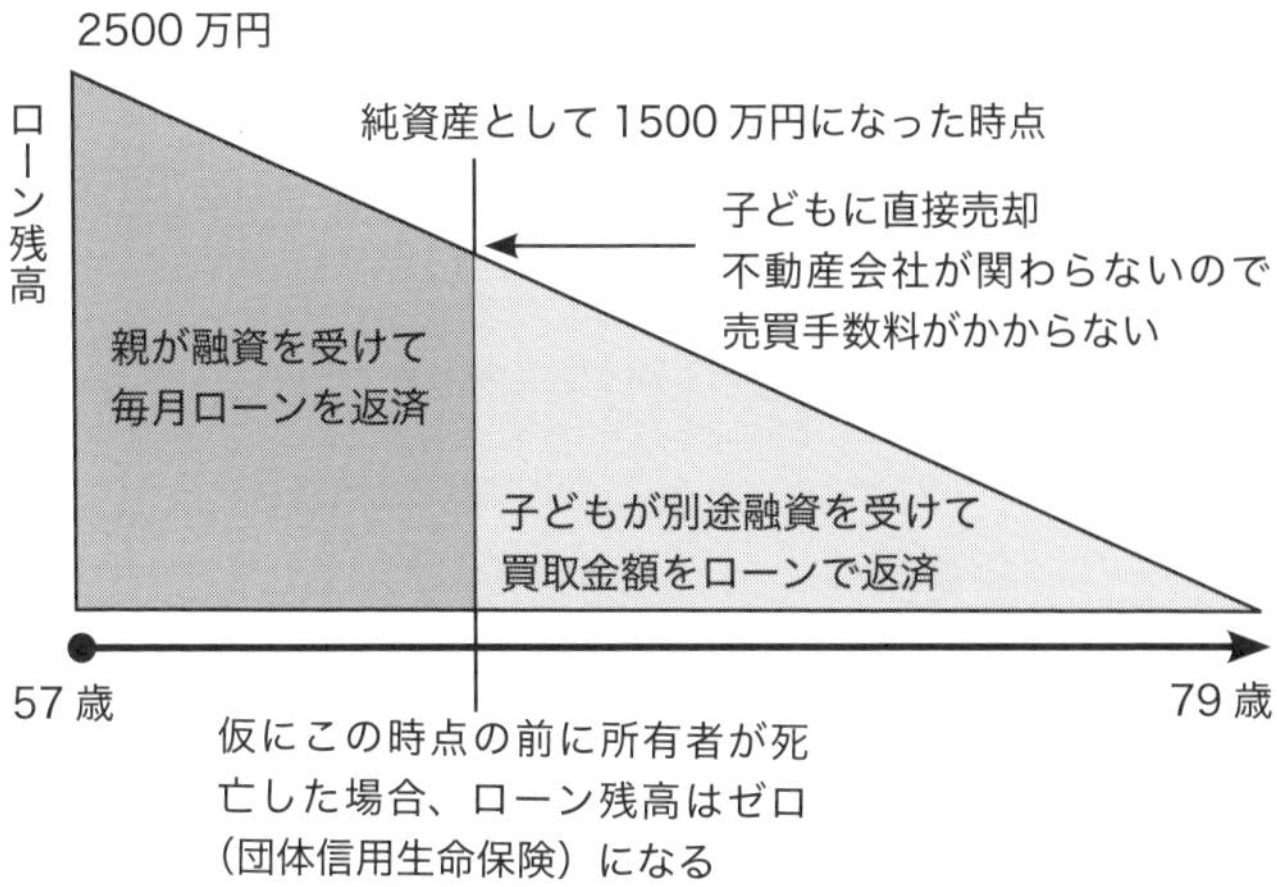
2500万円
ローン残高
純資産として1500万円になった時点
子どもに直接売却
不動産会社が関わらないので
売買手数料がかからない
親が融資を受けて
毎月ローンを返済
子どもが別途融資を受けて
買取金額をローンで返済
57歳
79歳
仮にこの時点の前に所有者が死亡した場合、ローン残高はゼロ（団体信用生命保険）になる

[図9]　ワンルームマンション経営の親子リレーのイメージ

のマンション家賃よりも低くなり、収支は少なくとも毎月3万円程度の黒字が見込めます。これがAさんの言う「子どもへの贈りもの」になるのではないかと言いました。12年目のマンションでは家賃の大幅な値下げの必要はなく、その後も数十年にわたって継続して不労所得がBさんのもとに入ります。20年、30年と賃貸を続けていれば、1000万円以上が累積で手に入りますし、途中で資金が必要になった場合に売却すれば、手元に相当額のお金がつくれます（[図9]、次ページの[図10]）。

　Bさんはマンションを買うことになりますが、このときに不動産会社を通す必要はありません。通常のマンション売買の場合のよう

早期に純資産が増える22年ローンを組む

↓

毎月４万円程度の赤字で賃貸運用をしていく

↓

金融機関から借り入れ可能な年齢になった子に売却する
※その時点ではローン元金が大きく減っている
　不動産会社を経由しないため、売買手数料がかからない

↓

子は購入代金をローンを組んで支払う
※このときマンションには居住者がいる状態であり、すぐに家賃が
　子の収入になる

↓

家賃から経費とローン返済額を差し引いた金額（当初は３万円程度）が入る
ローン完済後は経費を引いた家賃収入が、子の副収入になる

（注）父親がマンションを経営している期間に万一死亡した場合は、残りのローンはなくなり、マンションは遺族のものになる（団体信用生命保険のメリット）。

［図10］　マンションの親子リレー方式のイメージ

に売買手数料がかからないのもメリットです。

この提案にAさんは賛同され、実際にワンルームマンション経営に踏み切りました。この新しい視点からの「親子リレー」方式はたいへん気に入ってもらえたようです。一般的に投資を実行している人がいる家庭は、投資リテラシーが高いものです。投資の仕組みをよく理解して活用されているお父さんをもったBさんにもこの方式を気に入ってもらえることを願っています。

なお、この方式には裏の意味

も実はあります。Ａさんが「最後の贈りもの」と言ったのは、自分の命がいつ消えてしまうかわからないという、中高年の方なら誰でも少しは感じている不安から出たものではないかと思います。無事に11年目に子どもにマンション経営をバトンタッチする前に、もしかすると自分が死んでしまうかもしれないと、具体的ではなくともその可能性を考えておられたのでしょう。ワンルームマンションを購入すると、団体信用生命保険もパッケージとして購入することになりますが、ローン返済途中で契約者が亡くなると、ローン残高は保険会社が全額立て替えて支払ってくれて、遺族はまだ十分賃貸物件として使え、場合によってはお子さんの居住用にも使えるマンションを、無償で入手することになります。相続税はかかりますが、相続税の基礎控除額は３０００万円と、法定相続人の数に６００万円を掛けた金額を足した金額になります。Ａさんには奥様と2人の子がありましたから、合計で４８００万円までの遺産は非課税になります。ワンルームマンションばかりがＡさんの遺産ではなく、トータルの相続税がゼロになるかどうかはわかりませんが、もしもＡさんがワンルームマンションを複数戸所有していたとしても、その分の相続税はすべて非課税になる可能性があります。

この相続の仕組みは他の生命保険の場合でも同様ですが、生命保険が満期になって満期保険金を受け取る場合、契約者と受取人が同じ場合は一時所得扱いになり、所得税と住民税がかかります。なお契約者と受取人が違う場合には、贈与税がかかります。また、終身保険の場合は、死亡保険金は受取人の財産になりますが、税法では「みなし相続財産」といわれ、５００万円×法定相続人の数が非課税枠になり、非課税枠を超えた金額には相続税がかかります。

つまり、ワンルームマンションの「親子リレー」方式だと、遺族３人に所有しているマンションのすべてを無償で渡すことができ、たいていの場合は税金もかからないというわけです。この方式は、マンション購入者が生きている場合でも毎月収入を生み出す賃貸物件を手渡すことができ、運悪く死亡してしまった場合にも、相続税なしで、家賃収入が上がる賃貸物件を遺族のものにすることができるという点で、家族の将来の経済的な不安をあらかじめ解消することに役立つと思っています。この方式はAさんばかりでなく、比較的高齢のお客さまに紹介していますが、たいへん好評をいただいています。ご自分のことよりも、家族のことを優先して投資計画をつくりたい方が多いことに心温まる思いをさせていただいています。

さて、本章冒頭で、ワンルームマンション投資の主な目的は「私的年金的な目的」と「生命保険的な目的」だと述べました。私的年金的な目的に対してワンルームマンション投資がどのように効果を上げるのかはおわかりいただけたかと思います。「親子リレー」方式で少し生命保険的な目的に対する効果の一端を説明しましたが、生命保険的な目的について、次にもう少し詳しく説明していきます。

ワンルームマンションを生命保険と考えよう

団体信用生命保険の役割について、もう一度確認しておきましょう。これはワンルームマンション1戸を購入した場合に原則として付帯する保険で、民間ローンを利用する場合はローン契約の必須条件になっています。ほとんどの場合でマンションを購入されるのは世帯主であり一家の大黒柱となっている方なので、その人が亡くなったり高度障害で働けなくなるとローン返済が困難になってしまいます。そこで家族の方々の生活を支えるためにローン残債を保険会社が肩代わりする仕組みが団体信用生命保険です。

例えば世帯主の方が35年ローンでマンションを購入し、購入から10年後に亡くなった場合にローンの返済はそれ以上求められず、家族の方がマンションを相続して利用できるようになります。賃貸していた場合は、家族の方に家賃が入りますし、相続後はいつでも売却することができます。また土地や建物の残存価値には担保としての価値がありますから銀行から必要な資金を借りることも可能でしょう。

団体信用生命保険料はローン返済額の中の1万円程度

保険の掛け金はローン契約に織り込まれていますから、保険料の支払いを意識することはありませんし、実質の保険料も一般的な生命保険の掛け金よりも低額になることがほとんどです。実際の団体信用生命保険の保険掛け金は、2500万円台のフルローンでの購入の場合だとほぼ1万円程度です。これを含めて8万円程度の毎月のローン返済額になるケースが多いでしょう。ちなみにこれを一般的な生命保険の場合と比べてみましょう。

［図11］、［図12］をご覧ください。日本の世帯の生命保険の死亡保険金額の平均は、2018年時点で全年齢層で平均2255万円です。これは奇しくもワンルームマンションの相場価格と似ています。これに対して年間の保険料のほうは、全体で38万2000円になっています。特に最も保険金額が高い50～54歳では、年間48万3000円、毎月4万

全体	2255万円		
29歳以下	2475万円	60～64歳	2493万円
30～34歳	2883万円	65～69歳	1615万円
35～39歳	2857万円	70～74歳	1367万円
40～44歳	3032万円	75～79歳	1210万円
45～49歳	3050万円	80～84歳	1059万円
50～54歳	3183万円	85～89歳	1019万円
55～59歳	2618万円	90歳以上	1336万円

[図11]　世帯の普通死亡保険金額（全生保・世帯主年齢別）（生命保険文化センター「平成30年度生命保険に関する全国実態調査」より。金額は概算）

全体	38万2000円		
29歳以下	23万3000円	60～64歳	43万9000円
30～34歳	29万8000円	65～69歳	33万8000円
35～39歳	38万0000円	70～74歳	29万9000円
40～44歳	34万5000円	75～79歳	35万3000円
45～49歳	42万7000円	80～84歳	29万5000円
50～54歳	48万3000円	85～89歳	36万5000円
55～59歳	45万3000円	90歳以上	22万5000円

[図12]　世帯年間払込保険料（全生保・世帯主年齢別）（生命保険文化センター「平成30年度生命保険に関する全国実態調査」より。金額は概算）

円以上の保険料を払い込んでいます。

これに対して団体信用生命保険の場合は、前述したように毎月約1万円ほどの支払いになりますし、その金額はローン返済額に含まれるため、意識されることはほとんどありません。生命保険の掛け金は税控除の対象になりますが、おそらく一般的な生命保険のほうが家計を圧迫しがちなのではないかと思います。死亡保険金などが現金で手に入るところはメリットですし、たいていは死亡以外の事故や病気による障害や入院などの特約をつけることが多く、さまざまな事態に対応できるところは一般的な生命保険の魅力です。また定期的な貯蓄方法としてたいへん便利なものでもあります。ですから可能なら一般的な生命保険にも加入することをお勧めしますが、それに加えて、団体信用生命保険を活用されることを強くお勧めします。こちらはいわば掛け捨て型ですが、何があっても不動産物件という資産が残るので、より安心を重ねることができます。

不動産からの収入は物価と連動する

なお、一般的な生命保険では死亡などの際に保険金が入りますが、契約時の金額が数十年後に手に入るのですから、保険金支払いの時には物価変動により貨幣価値が低下している可能性があります。経済政策や金融政策は常に経済規模を拡大する方向に向かいますから、逆に貨幣価値が上がるような可能性はほとんどありません。

その一方、家族の資産として残ったマンションからは、物価と連動した家賃が生まれます。物価に連動した収入が得られるということは、あまりインフレ・デフレの影響を受けずに、安定した価値を継続的に生み出していくということです。ですから、団体信用生命保険は、一種の遺族年金のようなものだと考えてもよいかもしれません。

投資用マンションの1戸1戸で保険契約が可能

また重要なポイントは、団体信用生命保険は、投資用マンションのすべてに対して掛けられる保険であるということです。一般的な生命保険でも複数契約は可能ですが、受け取り時には保険金額が合算されて上限金額を超過する場合には受け取れない部分が出てくる可能性があります。上限金額は年齢、年収、職業によって異なります。これは保険契約の際に確認が必要です。また、生命保険は税控除の対象になりますが、控除額にも上限が設けられています。これに対して団体信用生命保険はマンション1戸1戸に対してその資産評価に応じた保険金額が受け取れるものになっていて、例えば10戸のマンションを所有していれば団体信用保険契約は10個になります。その場合、万一のことが起きた場合には、10戸全部のローン残高がゼロになります。遺産を相続される方は、まだ利用価値のある10戸のマンションを資産として受け継ぐことができます。もしも10戸のマンションそれぞれに1500万円のローン残高があるとすれば、1億5000万円の保険金がおりて、ローンを完済できるというわけです。残ったマンションの負債はなくなっていますから、それを引き継いだ相続者はマンションが生み出す家賃をまるまる自分の収入にできますし、必要とあらば売却して売却益を得ることもできます。比較的低い保険掛け金で、複数契約ができて、上限のない保険金が受け取れることになります。

もっとも死亡時に現金が受け取れるわけではありませんし、若い頃にマンションを購入されたほとんどの方はローン完済後も元気に暮らしておられますから、他の一般的な生命保険とは異なる考え方になりますが、リーズナブルで家族の方にもご納得いただける生命保険として捉えていただけるものと思います。

高年齢になるほど高くなる保険料

さらにもう一つのポイントが、終身保険との比較で掛け金のレベルがまったく異なるこ

条件　払込満期：65歳　保険金額：2530万円		
契約年齢	払込期間	保険料・月額
25歳以下	40年	3万7000円
30歳	35年	4万3500円
40歳	25年	6万0000円
50歳	15年	11万6000円

［図13］　大手生命保険会社の終身保険の保険金額と掛け金（トラスティーパートナーズ調べ。金額は概算）

とです。［図13］に示すように、ある大手生命保険会社の終身保険は契約時の年齢により、保険掛け金が大きく異なります。特に50歳を超えた年齢での加入では月額で10万円を超える金額を払い込まなければなりません。

一方で、投資用ワンルームマンション購入は50歳を超えても可能ですし、月額掛け金は1戸あたり1万円程度です。金融機関は完済時の年齢を考えて融資可否を判断しますが、かつては上限年齢を79歳としていたものが、現在では84歳までに引き上げるケースも増えています。つまり場合によっては50歳でも35年ローンが組めるということです。60歳を超えても22年ローンなら大丈夫です。

50歳という年齢はまだまだ現役バリバリの世代ではありますが、そこから数十年の間の死亡リスクはそれなりに高くなります。ローン期間内に万一のことがあった場合の安心のためには団体信用生命保険は大きな価値があるものと考えています。また、前述した「親子リレー」方式のマンション経営計画にも、団体信用生命保険は重要です。そもそも完済するつもりがなくても、子どもにマンション経営を引き継がせることができ、子どもに売却する以前に万一のことがあった場合には、子どもは自分でローンを組んだりして資金を用意する必要もなくマンションを引き継げることになります。できれば健康な状態で引き継ぐのが理想です。万一のリスクに備えておけば、精神的にもよりいっそう健康が保てるのではないかと思います。

ここまでで、ワンルームマンション投資の基本的な仕組みはおわかりいただけたと思います。またその投資の目標は年金のような形で老後資金を得ることと、生命保険にプラスした保障を得ることであり、ギャンブル的な大儲けができるものではなく、また他人に損をさせた分だけ自分が儲かるようなゼロサムゲームとはまったく違うものであることも理解していただけたのではないかと思います。「投資」は「投機」とは異なります。投資のなかでもワンルームマンション投資は堅実で、安定していて失敗しにくい方法です。しかし、それでも巨額のお金が動きますから、漠然とした不安を覚える人もまだ多いのが実態です。次の章では、弊社の立場から、そんな不安にできるだけお答えしたいと思います。

第4章　ワンルームマンション投資に失敗しないために

不動産業界のマイナスイメージを変えるビジネスモデル

本章では、これまで述べてきたワンルームマンション投資の基本的な考え方と仕組みをどのように自分のものとして活用できるのか、現実的な方法について解説します。

といっても、実際に個人で不動産デベロッパーや金融機関との交渉にあたるのは至難の技ですから、どうしても不動産会社に頼ることになります。ですから実際に個人がとれる方法は、適切な不動産会社を調べてアプローチし、担当する営業スタッフと対話して自分にとって有益なアドバイスや提案がもらえるかどうか、また数十年以上の長期にわたってよい関係が築けて、それを持続できるかどうかを判断することだけです。もちろん1社だけではなかなかわかりませんから、複数の会社にアプローチして提案の比較をしてみるのがよいでしょう。

大手の会社にお勤めの方などは、自分から不動産会社にアプローチしなくとも、複数の不動産会社からかなりの頻度で電話やメールなどで営業アプローチがあるのではないでしょうか。現在はそのような営業スタイルは下火になってきましたが、以前は非常に執拗な営業アプローチが行われて問題化したこともありました。そのような活動が不動産業界を何かブラックなものに感じさせてしまったのではないかと思っています。

人に迷惑をかけるビジネスモデルは古すぎる

情報が向こうから入ってくるのはよいことに違いないのですが、突然、しかも頻繁に自分の時間を邪魔される営業アプローチは煩わしいものです。顧客にそんな迷惑をかけてでもそのような営業方法をとらざるを得ないのは、絶えず新規顧客を獲得しなければ営業成績が上がらない古いタイプの不動産会社のビジネスモデルに問題があります。そのような不動産会社では、営業担当者にノルマが与えられ、ノルマの達成ができないと厳しく叱責され、ノルマを上回ったらさらに多くのノルマが設定されるというように、営業担当者は常に激しいストレスにさらされています。それでも献身的に会社のために働き、新規顧客を絶えず開拓していこうとする真面目な人が多く、可能な限りはお客さまの利益になるように投資設計をするのですが、時にはノルマ達成のために若干の嘘をついたり、あるいは検討すべき内容の一部を伏せたまま、契約を実現させようとする人も出てきます。

例えば収入のことばかりを説明して経費については語らない、あるいは価格の安さを前面に押し出して空室が出やすいエリアのリスクを説明しないといった、お客さまの適正な判断を妨げるような情報提供のしかたをして、早期の成約を目指すようなことも起きてしまいます。

このような不誠実な対応が横行していたことも、不動産業界のイメージを非常に悪くしてきたと感じています。

私は現在のトラスティーパートナーズの立ち上げ前にも不動産業界に身を置いていましたが、業界全体に対するこうしたマイナスイメージを改善できないものかとずっと考えていました。お客さまに営業で迷惑をかけることなく、投資の判断に必要な情報をポジティブなものもネガティブなものも全部提示して、納得していただける収支のシミュレーションを行ったうえで、お客さまにとって有益な投資計画を提案していくことができれば、支出と収入のキャッシュフローを完全に理解したうえで不動産取引ができ、クリーンで、ブラックな部分はもちろんグレーな部分も一切ない不動産事業を広げていけるのではないかと考えました。

そのためには、従来の不動産業界のビジネスモデルのままではいけないと考え至ったのが、トラスティーパートナーズ設立に繋がっています。冒頭の馬渕さんとの対談の中でも語りましたが、弊社は電話アポや飛び込み営業を一切しない「会員制」のビジネスモデルをとっています。会員とは、私や弊社スタッフと信頼の絆を結んだ方々のことです。実際にはワンルームマンションを購入した方が、その投資法の魅力を友人や知人に話すことで、その友人や知人が興味をもっていただいてご連絡を頂戴し、実際に私や弊社担当者が対面（最近はリモートの場合もありますが）して、投資の基本とワンルームマンション投資の特徴をお話しさせていただくという形をとっています。

お客さまから第三者への情報伝搬だけを利用した営業

この方法は、ワンルームマンション投資を実際に実行して、ご満足いただいたお客さまから、インフォーマルで親密な関係の第三者の方に直接話をしていただくことが前提になっています。こちらからどなたかにお話をしていただくことをお願いするのではなく、お客さまご自身の一種の成功体験として、雑談レベルでご友人の方などにお話しいただくケースがほとんどです。これは、弊社の立場からいえば、不動産業界に悪いイメージを持たれている一般の方にはとても有効だと思っています。まず最初のお客さまにご満足いただけなければ話になりませんが、お客さまの満足度が高ければ高いほど、周りの誰かに話したくなるものだと思います。またどこの誰かもわからない不動産屋の営業担当者からの話よりも、親しい人、信頼のおける人から聞く話のほうが、はるかに信頼性が高く、より心に響くに違いありません。

そのような、人から人への情報伝搬は、実はテレビや新聞、インターネットなどの広告よりも、ずっと効果的なプロモーションになっていると感じます。まったく投資に関心のない人にはそもそも話をされないでしょうから、話を聞く人は最初から興味をもっていただけるようです。弊社側にお客さまがご友人などをご紹介いただくこともありますし、ご友人の方から弊社に直接アプローチしていただくこともあります。

コロナ禍の収まらない現在では直接お会いして面談することがはばかられますが、ウェブ会議やＬＩＮＥをはじめとするメッセージツール、あるいは各種ＳＮＳを利用して、できるだけ営業担当者とお客さまが密接にコンタクトできる仕組みをとっています。少しお客さまとの距離が遠くなる気はしますが、逆にコンタクトをとる頻度が多くなり、お気軽にご質問やご相談をいただく機会も多くなるというよい面もあるようです。やがて自由に面談ができる日が来ることを切に願いつつも、こうしたデジタルコミュニケーションツールの利点を、アフターコロナの時代でも十分に活用していきたいと思っています。

物件ありきの営業ではなく、信頼ありきの営業を

また弊社の特徴として、物件ありきの営業をしないことも挙げられます。仕入れた物件をできるだけ早く売りさばきたいという思いは、無理な営業、強引な営業につながりがちです。弊社は首都圏の物件情報はほぼ完全に網羅していますが、その中で売りやすいものを選んで売る手法はとりません。お客さまのライフプランに最適な物件だけを選んでご提案申し上げています。

なぜそれができるかといえば、弊社が取り扱う物件は、東京を中心に周辺の都市部だけであり、しかも駅近であったり、人気エリアであったりと、入居希望者が多く空室リスクが少ない物件ばかりだからです。こうした物件は、そもそも経営に失敗する確率が最初から少なく、安定した収益が見込めます。このような物件であれば、実際にはどの物件でも投資効果に大差はありません。弊社はお客さまの収入状況や将来計画などを詳しくヒアリングして、最小の自己資金と運用経費で最大の収益が得られるようなキャッシュフローを作成します。前章ではさまざまな数字を出して説明しましたが、あのような計算をお客さまの現状と未来予測に基づいてもっと詳細に提示して、解説して差し上げるのが弊社の営業のしかたです。

自己資金をどれだけ投入すれば収支がいつどれだけ黒字化するのかや、経年による建物の評価の低下などによる家賃低下で収益はどう変動するのか、設備の老朽化による交換費用や修繕費用なども現実の経験・実績をベースに算入して長期のシミュレーションをしています。不動産の取得税や手続き費用などについても同様に計算しますから、経費がどれだけかかるのかについて完全にクリアな状態でお客さまに提示できます。さらに、不動産購入や経営にかかわる税額についてもモデルケースでお答えすることができますし、ご要望をいただければ税理士による確定申告用の書類作成などのお手伝いもさせていただき、正確な金額を算出することも可能です。ここまで行えば、ワンルームマンション投資は、グレーな部分が一切ない状態になり、お客さまに確実にご納得いただけるものになります。

このように、お客さまの現状やご希望に寄り添った営業……というよりも投資コンサルティングをすることで、お客さまは私や担当者、そして弊社そのものに信頼感をもっていただけていると実感しています。実際に弊社のお客さまは、購入されるマンションの実物を見ないで契約される場合が非常に多いのです。キャッシュフローの確実性や元データの真実性にご納得いただければ、契約して損はない、長期的に利益があるとご判断いただけるのです。お客さまは、マンション経営を始めて1年、2年と経つほど、当初のキャッシュフローどおりに運営できていることに気づかれますし、毎年の税金の還付により投資のメリットを実感されてもいるようです。そのような形で弊社への信頼感を高めていただいた結果、ご友人の方などへご紹介をいただく機会が多くなっているのだと思います。

お客さまの会社の中でも広がる信頼の輪

このような営業の仕方は業界でも特異なものですが、弊社はこのビジネスモデルにより設立以来苦労をしながらも皆さまのご信頼をもって成長を遂げさせていただいており、お客さまも順調に増加しています。また近年ではお客さまからのご発案で、お客さまが所属される企業で投資に関するセミナーなどを開催する機会をいただくこともあります。従業員の皆さんの前で不動産投資の基本的な考え方をお話しするのですが、「バランスシートを利用して将来の安心を買う」ワンルームマンション投資の方法はたいへん興味をもっていただけます。会社の中でワンルームマンション投資に関心を寄せる人が増えると、自然にマンション経営に関する話題が社内に行き交うようになり、その話題の中に弊社のビジネスモデルのことも多少は含まれることになります。他の不動産業者からのアプローチが繰り返しある人も多く、その営業手法に疑問を持つ人もかなりおられますので、弊社の特異な営業手法はより興味をもっていただけるようです。そうするうちに、一人、また一人と、弊社にご相談をいただくことも多くなってきて、同じ会社に弊社からワンルームマンションを購入する人がどんどん増えていく現象も経験しています。同僚の体験談は、どんな不動産営業のトークよりも説得力があります。

また不動産投資に限らず投資の話題が社内のインフォーマルなグループ内で行き交うようになると、投資のリテラシーのレベルが格段に上がります。弊社のサポートによる不動産投資を最初のステップとして、各種の投資商品への適切な投資を段階的に実行されるケースも多いようです。

私がよく言っているのは「ワンルームマンション投資は投資の初級編」だということです。ワンルームマンション投資はリスクが少なく、自己資金も最低限で始められ、安定した利回りで長期的に運用できる、たいへん簡単でありながら有利な投資なのです。ただし得られる利益は、他の投資商品に比較すると見劣りするかもしれません。それでもワンルームマンション投資で得られる収益、将来的に見込める収益をベースにしながら、投資体験で得られた知見を活かして他の投資対象へのチャレンジを始めることができるため、失敗確率は相当に低くなると思います。

不動産投資コンシェルジュとして業界の闇を払拭

弊社のこのような営業手法は、初めてのお客さま（新規顧客）を増やす手法としてはあまり効率的でないように思われるかもしれませんが、実際はまったく逆です。他の多くの不動産会社がやっているのはテレビや新聞・雑誌での宣伝、折り込み広告、インターネット広告などでブランドのイメージアップや知名度アップを図る一方で、ほとんど無差別な電話やメールによる営業アプローチを行う手法です。何度も言うようですが、相手の都合を考えずに電話や訪問を繰り返す営業手法は迷惑行為と言っても過言ではありません。そのような行為をする人の話を真剣に聞きたいと思う人がどれほどいるでしょうか。また、面談する機会をもってもらえたとしても、まったく興味のない人だとどれだけ説得しても、なかなか成果は上がりません。

しかしお客さまからのご紹介を基本にした弊社の営業手法の場合は、面談する相手は間違いなく不動産投資に関心を寄せてくださっています。むしろ友人や知人である弊社のお客さまからさまざまな情報を仕入れて、ご自身なりの考えをもって面談に臨んでいただいています。それでも投資につきもののリスクの話や基本的な投資の考え方はさせていただきますが、ほとんどの方は程度の差はあれ、不動産投資の基本については正しく理解されています。ですから営業の流れは最初から非常にスムーズに運ぶ場合がほとんどです。

弊社の場合、基本的にお客さまとの面談は1回50分程度の会合を2回、手続きなどのための会合を1回、計3回で済んでしまうことが一般的です。最初から基本的な収支や投資計画がわかる資料をおつくりして丁寧に解説し、疑問・質問には何でも迅速に答えることをモットーにしていますから、たいていのお客さまは、2回目の会合で契約に合意していただけます。もちろん「やっぱりやめておこう」と言うお客さまのほうがどうしても多くはなりますが、ワンルームマンション投資の成約率は一般的には13パーセント（8人に1人が成約）程度のところを、弊社では約25パーセント（4人に1人が成約）という高い成約率を長期にわたって維持しています。私自身もトップセールスを行い、難しい案件を主に担当しますが、成約率でいえば約70パーセントをキープしているところです。このような高い効率は不動産業界では稀有なことと自負しています。

このような実績を可能にしているのは、弊社が不動産販売を目的にするのではなく、不動産をお客さまのライフサイクルの中に正しく位置付けて、安心と経済的な余力を得ていただくためのサポートに徹することを目的にしているからに違いありません。多くのお客さまは、弊社を「不動産投資コンシェルジュ」として捉えていただいています。このコンシェルジュとしての事業を今後も健全に継続していくことにより、不動産業界にまだまだ残るグレーな部分、ブラックな部分をどんどんなくしていくことができるはずだと確信しています。

気をつけたいブラックな不動産投資の誘い

しかし弊社がいかに業界を改革しようと思っても、一社だけで業界イメージを逆転できるわけではありません。残念ながら、不動産取引の巨額な金額を狙ってよからぬことを企む者もいるのです。

ワンルームマンション投資は不動産投資のなかでも比較的安全・安心な分野ではありますが、やはり注意していないと当初の期待とは異なる結果になって損をしてしまうことがあります。「ワンルームマンション投資に失敗した」ケースでは、当初の期待が大きすぎた場合もあるかもしれませんが、リスクを十分に理解せずに無理のある収支計算をしてしまった場合が多いようです。無理がある収支計算をしてしまうのは、一部の不動産投資会社のずさんな営業が原因になっている場合も多いと思わざるを得ません。「失敗」の理由を分析してみると、そこには例えば次のような要因があります。

・投資を始めるにあたって相談した相手に騙されていた。
・必要な情報を収支計算に算入していなかった、または必要な情報が何かを把握し切れていなかった。
・経費の項目は正確に捉えていたが、費用を過小に見積もっていた。
・当初想定していた入居率が達成できなかった（空室率が大きかった）。
・家賃の滞納が多かった、または居住者がトラブルを起こした。
・家賃以外の収入が想定よりも低くなり、ローン返済が難しくなった。
・急な出費があって資産を現金化したいが、マンションが適時に売却できなかった。
・家賃保証型の管理委託契約をしていたが、家賃の値下げを迫られた。

インターネットなどで調べると、以上のような事例が続々と出てきて不安が煽られます。このような事例が起きるのは、マンション購入前に十分な収支計算ができていなかったことや、長期にわたる生活設計が十分でなかったことが主な問題なのだと思います。まずは、読者の皆さまへの注意喚起の意味をこめて、不動産投資会社を騙る不正行為の手口や、一部の心ない不動産投資会社のずさんな営業手法の例をご紹介しましょう。

横行する悪質な不動産投資への勧誘

まず冒頭の、相談相手に騙されるという失敗は、不動産投資会社を騙る宅地建物取引業の免許を持たないブローカーにしてやられることでもありますし、不動産投資会社の営業担当者のノルマ達成のための無理な営業手法に引っかかることでもあります。

前者は明らかに宅地建物取引業法違反ですが、後者は購入者が知るべき情報を意図的に隠したり、数字を改ざんして収入や節税額を大きく見せて経費を低く試算したりして、現実の収支とはるかにかけ離れた想定で説得して成約を狙う手口です。こちらは必ずしも非合法とは言い切れない部分があり、自分で自分を守る必要があります。

なお、不動産投資に限りませんが、男女の恋愛感情を悪用して高額商品を売る「デート商法」なども横行しています。

こうした詐欺のような手口について知識を得ておくことは重要です。とにかくおいしすぎる話や怪しいところのある人には近づかないほうが無難です。

不動産会社による無理な営業が原因の失敗

犯罪とは少し違いますが同じように害悪をもたらしているのが、残念なことに不動産会社による強引な商法です。これは不動産経営や金融・投資のリテラシーに欠ける人が狙われ、不正確な情報提供や意図的な情報隠しを行いながら、買い手を適正でない購入判断に誘導するものです。

しかし、本書で解説しているようにキャッシュフローの収支の推移を的確に捉え、正確なデータに基づく判断を行っていればトラブルや失敗の発生は抑えられます。ワンルームマンション投資については上述したようなさまざまな「失敗例」が語られていますが、そのほとんどがこのような偏った情報や一部情報の隠蔽によるものだと思います。不動産会社の営業担当者の口車に乗せられて、不利な条件がある物件をそれとは知らずに購入してしまうと時には大きな損をします。過去に繰り返されてきた強引な営業によって、本当は堅実で安全な不動産投資のイメージが歪められてしまっているのはなんとも悔しいことではありますが、どうやら現在もそのような営業が一部では続いているようです。

不正確で偏りのある情報提供や甘い勧誘の言葉があったとしても、最終的にはご自身の判断が購入の決め手になっていることは事実です。明らかな違法行為があった場合以外に、損害倍賞請求ができるかどうかはわかりません。最後は自分自身でリスクの判断をしなければなりません。それには不動産投資に関する知識がどうしても必要です。

誤解していただきたくないのは、現在ではそうした業者はごく少数であり、業界は悪質な営業によるトラブル発生を防ぐ方向に向かっているということです。悪質業者はどんどん淘汰されているのが真実です。ただ業界全体として不動産投資リテラシーを一般に普及させる活動はまだまだ不十分なのではないかと思います。弊社は日本の不動産投資リテラシーを向上させていくための行動を実践していくことが一つの大切な使命だと考えています。お客さまネットワークでの情報発信を中心に、セミナーや本書のような書籍出版活動などを通してそうした活動を続けていきたいと思っているところです。また時代も変わり、売り物がどんどん生まれて買い手が続々と手を挙げるような状況ではなくなっています。不動産業界でも新規顧客への販売から既存顧客へのサポート（管理受託）へと重点をシフトしている傾向がみられます。

このような状況を見ても、売ってしまった後のことには責任をもたずにただ売りまくるような強引な営業はどんどん少なくなっていくと考えられます。そしてクリーンな不動産会社が増えていけば、一般の方々の不動産投資、金融のリテラシーも向上し、やすやすと騙されるようなことはなくなっていくと考えています。

隠蔽・歪曲されがちなネガティブな情報

さて、この傾向を押さえたうえで「失敗」が生まれる原因を考えてみましょう。不動産会社ではない詐欺グループの手口はここで除外し、不動産会社の説明の中で意図的に隠されたり歪められたりする情報とは何なのかを押さえておきましょう。

数字の恣意的な操作ができない透明性が必要

前出の失敗ポイントに見るように「経費」「入居率（空室率）」といった部分に数字の操作が入る可能性があります。また、想定外の仕事環境変化などで「ローン返済難」が起きるのはある程度やむを得ない場合もあるでしょうが、当初から無理な計画で試算していた可能性もあります。なお、「家賃滞納リスクや入居者のトラブル」と「家賃保証型契約のトラブル」はマンション購入後に起きる運営上の問題ですが、これについてはあらかじめ気づかせてもらえなかったという苦情発生の可能性があるでしょう。

弊社はこのような失敗を発生させないために、クリアな情報提供をしていますし、仮に不明な部分があっても、後で述べるように、それがリスクにならない対策を用意しています。

「経費」の過小な想定を見破る

まず「経費」についてですが、当然ながら経費は少なく見積もるほど実質的な収益が増えるわけですから、人を騙そうと思えばさまざまな経費を安く見積もり、有利な投資案件だと思わせることになります。しかし弊社の場合は仮に数字を偽ろうとしても絶対に無理です。なぜならすぐに嘘はばれるからです。弊社はお客さまの口コミネットワークをベースにしており、初めてのお客さまでも、紹介者の方などに物件の経費相場を尋ねればすぐに正確な数字を教えてもらえます。ほとんどのお客さまは複数のマンション購入者の方と知己を得ていますから、疑問を感じたら自分が信頼する先輩に質問すれば、現実のマンション経営に基づいた正しい数字を教えてくれるはずです。ですから、こちらのお客さまにはこの数字、あちらのお客さまにはこの数字というように、恣意的に数字を上下させることは最初からできない仕組みになっているのです。クリアな取引、透明性の高い取引というのはこういうものだと思っています。

「入居率（空室率）」が問題にならない家賃保証型管理委託契約を選ぶ

また、「入居率（空室率）」とはマンションを借りてくれる人が見つからずに家賃が入らない期間をどのくらいに想定するかということです。たいていはほぼ100パーセントに近い数字が提示されるのですが、実際にほぼ100パーセントになることはありません。しかしこの数字に関しては、あくまで首都圏の好条件のワンルームマンションに限っては、当たらずとも遠からずの数字なのではないかと思います。首都圏の単身者用マンションはそれほど需要が多いのです。

それでも転勤や結婚などさまざまな理由で転居されることは多く、一時的に空室になることは必ずあります。それが1ヵ月、2ヵ月と続くようでは家賃収入が想定を下回ってしまいます。そのため、弊社のお客さまのほとんどは、家賃保証型の管理委託契約を結んでくださいます。これは、万一空室の期間が長引いたとしても、弊社が家賃を立て替えてお支払いをするサービスです（サブリース契約ともいいます）。よく不動産会社がマンションを借り上げて管理することと言われますが、所有者の方の意に反した経営をすることはなく、契約範囲内での運用にとどまります。この契約はオプションですが、弊社の場合の実績としては、ほぼパッケージ販売のような形になっています。この契約があることで、購入された方は一切の管理業務に関わることなく、当初のバランスシートに基づいた利益を継続して手に入れることができます。いわゆる「丸投げ」型のマンション管理法ですが、企業にお勤めの方がご自分でマンション管理の細部を担うのは現実的に難しいものだと思います。家賃保証型の管理委託契約を行うことで、弊社の場合は「入居率（空室率）」を気にする必要がなくなります。

家賃保証型サービスにまつわるトラブルや不安について

なお、家賃保証型の管理委託契約に関してのトラブル事例が報告されています。ワンルームマンションに関しては管理会社が空室率の多さを理由にして家賃の値下げを迫るケースがあるようです。そもそも空室が出るのは地方のマンションや築年数が経って魅力が薄れている古いマンションに多く、弊社が取り扱うマンションで、首都圏内で好立地のマンションは空室リスクが比較的低い水準で安定しています。長期的に家賃の値下げをお願いすることがないよう管理を徹底していきたいと思います。

もちろんマンションは経年劣化（外部からの評価としての劣化）がありますから、10年以上経ったマンションは家賃の見直しや相場とのすり合わせが必要になるかもしれません。ただ一般的にマンションの築年数に従った家賃の低減幅というものは標準的な金額が算出できますから、弊社からマンションを購入した場合は、当初の投資設計段階で築年数に応じた家賃の値下げを組み入れた金額をキャッシュフローに入れています。もしも購入当初の家賃が20年後や30年後も同じレベルとして計算している不動産会社があったとすれば、信用できない会社である可能性があります。

弊社としては、経年劣化に応じた家賃値下げを織り込んだ収支を提示して、購入者に納得いただけた場合にのみ契約前の次の段階の話に進めるようにして、この段階から収支計画の認識にずれが生じないように注意を払っているところです。

なお、場合によっては築年数がかさんだ物件ではリノベーションを行い、改修費用を上乗せしても利益が出るような新しい家賃を設定した場合のキャッシュフロー（かなりの黒字になります）をご提案させていただくこともあります。どのような場合でも、家賃の値下げを当初想定以上の幅で求めることはありません。

ちなみに不動産デベロッパー傘下の不動産管理会社がアパートやマンション建設にあ

たって家賃保証つきの管理委託契約を取り交わし、賃貸住居として運用を始めてから短期間で家賃改定などを求める悪質なケースがあるようです。本来はデベロッパーが負うべきリスクを物件所有者に負わせる不公平な契約を交わしてしまったことが原因です。大規模な金額が動くだけに損失も大きく、このような事例が家賃保証型管理委託契約に対するネガティブなイメージを一部につくり出してしまったのではないかと思います。とにかく契約内容には細心の注意を払うべきでしょう。

念のために言い添えますが、退去者が出た場合の部屋の清掃などの原状回復業務、設備の修繕業務なども管理委託契約に一般的に含まれます。「空室率」を気にされる方はこうした部分も心配されることと思いますが、弊社の場合は、家賃保証サービスも含んだうえでこうした業務や費用を弊社側でもつようにしています。全部含めて設定した家賃の10パーセントが管理委託手数料になります。他社では管理委託手数料が5パーセント以下などと強調している場合もありますが、前述したように単に家賃集金業務だけを責任範囲としている場合がありますので、管理委託契約の中身と手数料の額とをしっかりと確認しておく必要があるでしょう。

また、家賃保証型の管理委託をした場合に、管理会社が倒産したらどうなるのかと心配される方もおられるでしょう。弊社はそんなことにならないように頑張りますが、将来は何が起きるか予測できません。そんな万一の場合が起きても、弊社がお勧めしている首都圏の好立地で魅力あるマンションの場合に限っては、弊社が事業を停止しても別の不動産会社に管理委託契約を引き継いでもらえる可能性が非常に高いと思っています。また、そのような事態が予測されたら何をおいてもお客さまの投資計画をゆるがせにしないように、他社の協力を強く要請したいと思っています。今のところそんな事態に至る兆候は皆無ですし、弊社のビジネスモデルが破綻する可能性は遠い将来にわたって非常に低いと考えています。

ローン返済に困る場合、入居者のふるまいに困る場合

不動産投資への不安ポイントはまだあります。例えば所有者の方が当初想定していた収入が途絶えるなどしてローン返済が不能になった場合にどうなるかという不安もあるでしょう。この場合に家賃保証型の管理委託でマンションを経営していた場合、そのキャッシュフローが黒字なら返済に困ることはありませんが、返済後の家賃収入しかないのでは生活費が不足します。この場合は早期に新しい収入の道を探すのが先決ですが、そこは不

動産会社が関与できるところではありません。ひたすら応援するくらいしかできませんが、もしもマンションの売却によってローンが完済でき、いくらかの生活資金が手に入るようなら、売却という選択肢も提案させていただきます。

不動産の売却はそう簡単にできないと思い込まれている方もおられるでしょう。たいていの不動産投資入門書にはそう書かれています。しかし首都圏の、弊社が取り扱うようなワンルームマンションに関しては、売却先は実はすぐに見つかります。弊社の実績では、売却のご希望をいただいてから短期間で売却を成功させたケースがほとんどです。これは不動産投資に経験を積んだたくさんのお客さまのネットワークがあるからです。中古マンションを必要とされているお客さまと、売りたいお客さまの両方がおられますから、マッチングは難しくありません。これに関してはインターネットを利用したマッチングサービスの展開も図っているところです。もともと条件のよい、安定した利回りが得られる物件ばかりですから、ご紹介からご成約までがとてもスムーズです。

弊社がお引き受けした物件が万一にも1ヵ月以内に売却ができなかった場合には、お客さまがお望みであれば弊社自身が買い取らせていただいています。ですから買い手が見つからなくて困るようなことは、現在までのところ基本的にはありません。売却価格は現在のところは築35年の場合でも前述したように５００万円を下回ることはなく、１０００万円程度でも買い手がつく物件も珍しくありません。

少し脱線しますが、ついでにローン返済後の築年数が40年、50年と経った場合についても触れておきます。弊社の扱う物件のように立地条件がよい場合は築50年でも買い手はつきます。売却価格はそのときの相場次第となりますので現時点で予測するのは難しいのですが、累積での家賃収入を十分に得た段階で、なるべく早いうちに売却に取り組まれるのがよいと思います。あまり劣化が進んで空室が多いマンションになってしまうとだんだん自分の希望条件での売却が難しくなってしまうからです。

話を戻しますが、ローン返済にお困りになった場合、多少は家賃収入が黒字だといっても、ローン返済後の生活資金に困るようなら、そのままマンションを長期にわたって所有し続けるよりもまずはいったん売却して収入を得て、生活を落ち着かせて再スタートすることを考えたほうがよいかもしれません。売却益とローン残高の差が問題になりますが、何度も言うようですが首都圏の優良マンションであれば売却黒字になるケースが多いので、まずは弊社にご相談いただきたいと思います。

また想定外の出来事が起きてはいないのに、思っていたような収入が入らずにローン返済に困るという事態も起きないわけではありません。この場合は当初の収支計算が間違っていたか、必要な情報が正確でなかったか、何かの支出となる情報が抜け落ちていたか、さまざまな原因で当初の経営計画が適正でなかったことになります。先に述べたように不動産会社の営業担当者が意図的にデータを操作していた可能性もあります。新規顧客獲得を中心にした営業スタイルでは、物件を売りさばくところまでが仕事で、所有者がその後どのようになっても関心を払うことがありません。

そのような状況に陥ったときは、やはりマンションを売却するか、リノベーションなどによって家賃を増額できる可能性がないかなど、対策をとる必要があるでしょう。弊社の場合は新規顧客は自ら開拓することはほぼなく、お客さまのほうから相談に見える場合がほとんどです。お客さまとの良好な関係を保つために、販売よりもアフターケア、アフターサポートに重点を置いたサービスを展開していますから、特別な事情が起こらない限り、そもそもローン返済に困るような投資計画は作成しません。

弊社のお客さまではこのような事例はありませんが、もし他社からのご購入でもお困りの際には一度相談してみていただければ何かアドバイスできることがあるかもしれませんので、お声がけいただければ幸いです。

また不安ポイントの別の一つとして、入居者が家賃を滞納したり、他の部屋の居住者に迷惑をかけたり、施設・設備を破損したりするトラブルも想定されます。これも最終的には管理委託契約の中で弊社が解決のための対応をいたしますが、弊社の管理物件では実際にそのような事例はほとんど起きていません。

ワンルームマンションは、いってみれば主に会社勤めの人が寝に帰る場所ですから、たいていの人は収入が安定していますし、トラブルになるようなふるまいをする在宅時間もそう長くないという特徴もあるのかもしれません。

これについては想像するよりトラブルケースは少なく、たとえトラブルが起きても弊社の管理委託契約の場合なら、できる限りの対応をさせていただくということで、ご納得いただいています。

なお、弊社管理の物件では家賃滞納への対策として、入居者への条件として家賃保証会社との契約を義務づけています。滞納家賃は保証会社から支払ってもらえます。保証会社は借り主から取り立てることになります。どのように取り立てるか、あるいは退去を要請するかという部分では各種のトラブルが生じることもあるようですが、マンションオーナーには影響が及ばないので安心です。

不動産業者に騙されないポイントは？

では、ここで悪質な不動産投資営業に騙されて失敗しないためのポイントをまとめておきましょう。

不動産投資のリテラシーを高めよう

不動産投資の基本的な知識と、金融機関の融資の仕組みを理解していないとやすやすと口車に乗せられることになります。大事なポイントについて自分から質問して、わからないことや曖昧な情報については深堀りして聞いてみることが有効です。そのためには自分自身が不動産や金融のリテラシーをある程度身につけることが大切です。

弊社の営業担当者が初めてのお客さまと面談するときには、不動産投資の仕組みの解説から始めます。まずは常識的な不動産投資のリテラシーを確認させていただきながら、必要な情報、投資に失敗しないための条件について詳しく説明していきます。いきなり物件の利回りのよさなどメリットばかり話す営業担当者は要注意です。その裏に何か情報操作がされていないか探り出せるだけの知識や用心深さが必要です。

とはいうものの、人を騙そうとしているのか、一緒に利益になることを考えようとしているのかは、人に会って話せばだいたいわかるものなのではないかという気もしています。実際に私のお客さまはあまり利回りのよさや節税額などを気にされる方はいらっしゃいません。というのも、お客さま自身がワンルームマンション投資の基本はすでにご存じで、利回りは4～5パーセントと安定していることや、所得税と住民税の税控除が受けられること、長期的に収益を得ることができて、ローン完済後の老後資金を期待できること、生命保険の一種としての役割があること、こうしたことは、友人・知人の方からすでに聞いておられますし、ご自身で調べて自分の不動産リテラシーを高める作業をしておられるからです。

弊社のお客さまには、しっかりと一から十まで丁寧にご説明いたしますので、失敗されることはありません。どうして弊社から購入したのかをお尋ねすると、「説明を通して信頼できると思えたから」「リスクに対する考え方に共感できた」「担当者の人間性」「モチベーションがアップされた」というようなお言葉をよくいただきます。まず人を見て、人間性で信頼に足る人かどうかの判断が先に立ち、投資計画の詳細は、おかしな数字が入っておらず、また必要項目を漏れなく算入して計算されていれば、あとは利回りの確認だけで話が済んでしまいます。私は特に投資に慣れた方のサポートを担当することが多いということもありますが、不動産会社を選ぶポイントのなかでは営業担当者の人柄や人品、誠実さが一番優先度が高いのではないかと思わずにいられません。

不動産会社の実績と担当者の信頼性を確認しよう

これは失敗しないための予防対策ということになりますが、この業界には在籍していないのに不動産会社名を名乗り、名刺や資料なども用意周到に偽装して、あたかも正当な業者のふりをして不正をはたらくブローカーが残念ながら存在します。

営業担当者が怪しく感じられたら、その人の言うことを鵜呑みにせず、法人名を信頼できる情報で調べ、電話をして営業担当者の実在を確認してみるとよいでしょう。良心的な会社であれば適切な対応をとってくれると期待できます。確認ができない場合はそれ以上の話は進めないほうが得策でしょう。

このような確認をしたあとでも怪しさが残る場合は、会社の実績や評判をインターネットなどで調べてみるとよいでしょう。あまりにネガティブな情報が多ければ、敬遠したほうが無難です。お客さまの声は、よい場合でも悪い場合でも最も参考になります。

営業担当者に質問してレスポンスの早さと質を確認しよう

正当なビジネスを行っている不動産会社の社員には、どんな質問でもいいので、自分からわからないところを積極的に質問してみるのがよいでしょう。優良な不動産業者であっても若い営業担当者が即答できない場合はよくありますが、いったん質問を持ち帰ったあとすぐに答えを返してくれるようなら信頼できます。もちろん早さがすべてではありませんが、正確なデータや法的な知識、一般の統計的な情報や自社の実績などをベースに整合性のある答えが得られれば問題はないでしょう。

逆にその場しのぎのいいかげんな返答をする場合や、いったん質問を持ち帰ったはいいが何日も答えを待たされるようでは、その後長期にわたる信頼関係は築きにくいのではないかと推量できます。

ともあれ、わからないことが解決しないまま契約の話を進めていくと失敗につながる可能性が高くなります。一つひとつ疑問点を解決していくなかで、営業担当者の人柄もわかりますし、それを通して会社の性格もわかってきます。ご自分の資産運用を任せる相手なのですから、一番大事なのはその人との信頼関係です。

不動産購入者から直接意見を聞こう

不動産業者からの話やネットなどの情報だけでなく、可能であればその不動産会社の顧客である、購入者の方に話を聞くのが最も有効な判断材料になります。何かの理由をつけて顧客への紹介を拒む業者は、何か隠したいことがあるのかもしれません。弊社では、基本的に会員に加わってくださるお客さまがご希望になれば、先輩投資家であるお客さまを紹介して、雑談レベルで何でも話ができる機会を積極的につくっています。私がその席に参加してもしなくても、既存のお客さまはざっくばらんに忌憚のない話をしてくれます。これもちょっと珍しいところかと思いますが、そのお客さまネットワークの内部では、私は不動産屋の社長というより、不動産や投資知識が豊富な友達という位置づけなのです。お客さま同士も、不動産投資の同志でもありますし、ビジネスパーソン同士ならではの会話を楽しみ、人間関係が広がっていくことを喜んでいることが伝わってきます。そのような席や、また仲良くなった人同士のプライベートなコミュニケーションでも、不動産業者としての弊社の評価をナマの声として聞くことができます。どのような経緯で不動産投資実行に至ったのか、その後の経営状況はどうかなど、有益な知識が必ず得られると思います。基本的に成功体験者ばかりですから、逆に失敗する理由が見つからないかもしれません。このようにお客さま同士がオープンに話し合える状況がつくれるかどうかが、業者を評価する一つのポイントになるのではないかと思います。

長期にわたって信頼関係を維持できる会社かどうかを評価しよう

一度不動産投資に踏み切ると、少なくともローンの完済までは不動産会社との関係は続きます。弊社の場合は２０２０年に賃貸管理を専門に行う１００パーセント子会社のピーエムサポート株式会社を設立し、賃貸管理部門を分離してより専門性の高い管理業務の遂行に努めているところですが、実際にはトラスティーパートナーズと緊密に連携し、事業譲渡以前と同様に一体となったお客さまサポートを提供しています。

トラスティーパートナーズの設立が８年前のことで、私は現在35歳、従業員は20代半ばから40代後半となっており、平均年齢は30代前半となっています。いま初めてお客さまの営業担当についた社員は、おそらく35年などのローン完済以降も現役を続けていると思います。私自身も現在のお客さまの資産運用を、終身までとは言わないまでもほぼ一生をかけてサポートできると思っています。この若さと他社とは異なるサポートの手厚さをご評価いただいて成約に結びついたお客さまもおられ、長期にわたって同じ担当者がお客さまに寄り添ってサポートできる可能性が高いのも強みではないかと思います。

また、不動産業界は国内で離職率が高いトップ10に入る業界で、なかでも不動産投資会社の営業担当者という条件で見ると、特に入社1年目の人の離職率は約３割を超えます。これは厳しいノルマを課した新規成約数や金額が営業担当者に課されるストレスによるものだと思います。高ストレス環境では社員の能力は十分に発揮できなくなることが多いようです。実績が上がらないとますますストレスが高まり、別の業界へと離脱していく人が多いのが実情でしょう。人がいなくなると、せっかくお客さまとの関係が築けてもそれ以上の進展がなくなり、信頼関係が薄れてしまいます。ライフプランを一緒に考えたのに、協力して助言してくれる人がいなくなったり急に代わったりするのでは、お客さまとしては不安だと思います。

しかし弊社では新規の成約よりもお客さまとの信頼関係づくりに重点を置き、アフターサポートの充実に努めることで事業成長を果たしてきています。そのためもあり、営業担当者にノルマを課して厳しく成果を問うことはせず、実績をあげたら褒賞してみんなで讃えあえる社風をつくることで担当者のモチベーションを高く保っています。

まだ若い会社なのでインセンティブ制度などさまざまな制度や施策が打てているわけではありませんが、弊社の理念が全社員に共有されていることは間違いありません。営業担当者の離職率は約10パーセントなので、業界の四分の一程度の数字になります。厚生労働省の調査では大卒1年目の社員の離職率の平均は11・6パーセント（2018年）ですから、この程度はやむをえないかもしれません。むしろ全産業の平均よりも低いことが、不動産業界では稀有なことと言えます。

私は、事業成長も大切ですがむしろ「良い会社になること」が先だと考えています。社員が働きやすい環境をつくり、社員一人ひとりに対して人間としての評価を適正に行っていくことを目指して実践しています。社員との情報共有は私自身が積極的に行っており、秘密主義は弊社には一切ありません。非常に風通しのいい会社になっていると感じています。このような社風をつくり、社員が生き生きと仕事できる環境整備に心を砕いていることが、結果として事業成果につながっているのは間違いありません。お客さまに接する営業担当者を見ていただければ、おそらく弊社がどのような会社なのかがおわかりになると思います。お客さまも納得されるような理念を共有し、目標に向かって走る社員が弊社の宝であり、最大の強みだと考えています。

特にそうした社員の人となりの一端を具体的にお伝えしたく、弊社とは無関係の第三者であるインタビュアーに、弊社の若手社員数人に営業の仕事の現状や、会社や仕事の様子をヒアリングしてもらいました。次にその座談の様子を掲載します。社員の雰囲気やその内側にある理想や信念を汲み取っていただけたら幸いです。

若手社員座談会

営業側の視点から見た不動産投資

古宮 成明
アセットマネジメント事業部
マーケティング部 課長

野沢 晶子
アセットマネジメント事業部
マーケティング部 課長代理

野寺 沙耶
アセットマネジメント事業部
マーケティング部 課長代理

■（インタビュアー）皆さんはセールスマネージャーとして活躍されているとお聞きしました。本日はご多用中お集まりいただきありがとうございます。では、まず最初に不動産投資に興味をもったきっかけやトラスティーパートナーズに入社した経緯をお話しいただけますか？

古宮　私は前職も不動産投資会社だったのですが、たまたまその会社の同僚だった人が先に弊社に入社していて、その人から関野社長の人となりや事業理念などを聞いて関心をもったのが始まりです。前職では月に何件成約したかが問題で、お客さまが別のお客さまを紹介してくださるようなことはほとんどありませんでした。それが前職の会社との大きな違いで、どちらが世間の役に立っているのかと考えたことが入社のきっかけになりました。

野沢　私は美容系の業種で働いていたのですが、美容系は労働対価で稼ぐしかないので限界があります。そこで不労収入の家賃が入る不動産投資に関心を持ちました。その一方で働いて稼ぎたい気持ちもあったので、興味のある不動産投資の領域で営業で働きたいと思いました。しかし、あまりにたくさんの会社があって迷いました。そのときに友人が紹介してくれたのが関野社長だったのです。面談のために会社を訪問した時、会社の雰囲気のよさに驚きました。関野社長に会う前でしたが、この会社に入社する機会を逃すと後悔するとそのとき思いました。結局、関野社長との面談後に入社を即決しました。

野寺　私も美容系の出身ですが、一時ワーキングホリデーを利用してオーストラリアに住んでいたことがあります。そこで多くの国の人々と交流しましたが、投資の話となると、仮想通貨などに興味をもつのはアジア系の人ばかりで、欧米系の人は不動産が手堅い投資対象だと考えていました。日本と海外では住宅事情は大きく違いますが、給料の三分の一を家賃に費やしているのは同じです。そこで安定した家賃収入が得られる不動産投資に魅力を感じました。またいろいろな人と話をするのが好きなので、不動産投資の営業に興味をもち、なかでも関野社長が会員制での人から人への紹介による営業の仕組みを戦略的に構築していることに感銘を受け、その新しい取り組みに参加したいと思い入社しました。

■ワンルームマンション投資をお客さまに説明するときに気をつけていることは？

古宮　バランスシートの考え方を理解しておられる場合には説明はとても簡単ではありますが、そうでないお客さまのほうが多いので、まずわかりやすい例を挙げて話のきっかけをつくります。毎月1万円のお支払いで、35年後には数百万の累積収入と1０００万円以上の価値がある物件が手に入るという典型的なワンルームマンション投資のメリットを示し、それから詳しい収支計算の説明に移行していくと、理解が進むと感じています。

野寺　そもそも大きな金額を借り入れることになりますから、そこにハードルを感じるお客さまもおられます。そのときには、投資用不動産はお金を生み出すものであって、消費されるものではないという話をします。住宅ローンだと一生に一度の買い物かもしれませんが、投資用物件は融資を使える与信の範囲内では何件でもご購入いただくことができます。年収の条件や勤務先や勤続年数、そして物件の評価で融資されるのが不動産投資の特徴です。ですから年収の数十倍の融資を引き出すことも可能です。お客さまのなかにも6戸、7戸と複数の投資用マンションを所有している方もいらっしゃいます。そのほうが収益につながることを理解していただけると、話が前に進みやすいですね。

野沢　自分の給与所得の収入からローンを返済するのではなく、家賃収入から返済していく仕組みなので、融資の返済が滞ることがないのがお客さまにとって有利な特徴ですね。そこを心配される方が多いので、丁寧に説明させていただいています。

古宮　家賃収入から返済していくとなると、万一にも家賃が滞納された場合に返せなくなるではないかという心配をされる方も多くいらっしゃいますね。その場合には、賃貸入居者との契約時点で、家賃保証会社といわれる専門業社との契約を条件にしてもらえば大丈夫です。家賃が滞納されても、家賃保証会社から必ず支払われるので、返済できなくなることはありません。

それが入居者がいる場合の対応になりますが、空室になった場合でも、家賃保証型の管理委託契約を結んでいれば、空室になった期間の家賃は弊社がお支払いさせていただきます。これは入居者がすぐに見つかることを前提にしており、弊社側がリスクを負うかたちとなります。逆に、この保証ができるような物件しか弊社は扱っておりませんので、このような点もご理解いただけるようにご説明させていただいています。

なお、家賃保証の仕組みは多くの不動産会社が提供されていますが、立地条件のよくない物件などでは想定した入居者が集まらずに家賃の値下げをオーナーに迫るようなケースがあると聞いています。私自身はそのようなケースを実際に見聞きしたことはありませんし、少なくとも東京23区内の物件では値下げが起きた事例を知りません。もっと広いエリアでは家賃の緩やかな下降はあるようですが、一気にガクッと下がるようなことはまずないのが不動産の特徴です。弊社が扱う物件は厳選しておりますので、家賃の値下げが必要になることは少ないと考えております。お客さまにはこのあたりを実績をベースにご説明させていただいて、不安を解消していただけるようにしています。

■コロナ禍は社会や経済にさまざまな影響を与えていますが、お仕事で何か実感されることはありますか？

野寺　以前は直接面談をさせていただいた上で、お客さまとの適度な距離感や温度感が重要だったのですが、お客さまのほうもリモートでのやり取りに慣れてこられて、むしろお話をする機会が自由につくれるために、私どもへの質問なども気軽にしていただけることが増えたように思います。

また将来に対する不安があるためか、お金の使いどころがなくなったためか、投資についての関心が高まっているように思います。不動産投資というキーワードも業界外から耳にすることが多くなっていますね。

野沢　コロナ禍を機に不動産投資を考え始めた人はとても増えたと感じています。私どもの営業がお客さまの元へ訪問させていただくことは少なくなったので、インターネットで情報を検索するケースが多くなっているように思います。

でも漠然と検索しているだけでは何が本当かわかりませんし、嘘が書いてあったとしてもなかなか気づけません。そこで行き詰まった方が、直接話を聞きたいとアプローチしてくださるケースが多くなりました。

野寺　それに加えて、インターネットの情報は不動産投資のリスクに関する情報が多くて誤解を生みがちなところも問題です。

「不動産投資」「リスク」というキーワードで検索すると、だいたい一棟物件やアパート、戸建て住宅など、ワンルームマンション投資とは異なるジャンルの不動産取引に関するリスク情報が検索結果上位に並びます。異なるジャンルの投資対象では、リスクの種類も大きさも違うのですが、こうした記事ばかりを読んでしまうと、ワンルームマンション投資も同じようにリスクが高いのかと思われそうです。また逆に地方の不動産の利回りは数十パーセントのものもざらにありますから、そのようなハイリターンを首都圏のワンルームマンションに求めるような人も出てきます。そんな利回りの物件は首都圏に存在しないので、がっかりして興味を失う人も出てしまうのではないかと危惧しています。

野沢　不動産投資はリスクが高いと思っている人は多いですね。でもワンルームマンション投資は極めてローリスクで、ローリターンからミドルリターンが実現できる、他の不動産投資とは全然別の金融商品であることをもっと多くの人に知ってもらいたいと思います。

野寺　ワンルームマンション投資は、特に会社員の方に最適な金融商品であることはもっと広く認知してもらいたいですね。お勤めの会社や年収や勤続年数に対する与信によって金融機関から融資してもらえます。これは優良な企業に勤めている方の特権のようなものです。その特権を利用して、与信枠という目に見えないものを活用すれば、将来的に毎月ある程度の不労所得が入ってきます。これがワンルームマンション投資の面白さです。現金はほとんど扱わずに済みます。特に若い人は現金を預貯金などの形でもつよりも、与信枠を活用した投資で不動産をもつほうが絶対に有利です。

■トラスティーパートナーズでの働き方はどのようなイメージですか？

古宮　新規の契約を獲得することだけを目標にしていた前職とは違い、ご縁をいただいたお客さまに寄り添って、その方と一緒に人生を考えることがメインの仕事になりました。別に堅苦しい話をするわけではなく、楽しくお付き合いをさせていただいているうちに、お互いに腹を割った話をしながら成長していける感じがしています。その一方でお客さまの人生の一部をお預かりしているような責任感も感じます。

野沢　関野社長と一緒にお客さまとお会いする機会が多いのですが、お客さまの関野社長への信頼が絶大なことにいつも驚いています。不動産投資の話をするときも、不動産を買うことを勧めるというより、「僕との付き合いをキッカケにしませんか」というスタンスで接しており、お客さま自身も視野を広げる機会として喜ばれています。このような信頼関係は他社ではなかなかつくれないと思います。私も関野社長にならってお客さまとの信頼関係づくりに集中していきたいと思います。お客さまと接するのは単純に楽しいですし、お客さまが満足してくれれば嬉しいです。その結果、気持ちよく仕事ができていると思います。

野寺　お客さまは副収入を増やしたいとお考えの場合もあれば、税金対策をしたいとお考えの方もいらっしゃいます。さまざまな要望をお持ちのお客さまそれぞれに対して最適なプランを作成するには、雑談やお打ち合わせを通してお客さまの本音を伺えるように努力しています。その結果として、不動産投資がその方にとって正解にならずに保険のほうがよいなどと結論が出てしまうこともありますが、結果はどうなるにせよ、今これをしたら将来こうなるという予想図を示し、イメージしていただき、こちらが先回りして考えてお客さまに気づきを得ていただく。それを繰り返すことで信頼感が生まれると考えています。

関野社長はお客さまの潜在的なニーズや課題を読み取り、解決してしまうようなプロフェッショナルだと感じています。そのようにお客さまとの関係性を築いた後に、やがて契約がついてくる、お互いが幸せになれる働き方が、弊社だからこそできていると感じます。

おわりに

本書は2019年に出版された『秘訣は不動産会社選びだった　ワンルームマンション投資の基本』（発行 TC出版・発売 万来舎）の姉妹編です。前著では、ワンルームマンション投資の基本的な仕組みと投資の考え方を中心にして、私のプロフィールや前職までの経験、それからトラスティーパートナーズ設立までの経緯や理想としているビジネスモデル、今後の事業の方向性や新しい取り組みについてもご紹介させていただいています。この本を読めばワンルームマンション投資への漠然とした不安を解消して、読者の皆さまの人生をより豊かに楽しいものにするための投資に目を向けていただけるものと思います。

しかし、どうしてもワンルームマンション投資に踏み切れないビジネスパーソンを前にしたとき、不動産投資ばかりでなく投資一般についてのリテラシーが不足しているのではないかと思うことがしばしばあります。長期的な収支の全体で利益を得ることを目指す不動産投資の仕組みや考え方が、一般の人にはなかなか簡単にご納得いただけないことが多いのです。これには、こちら側からいくら説明しても心理的にあらかじめ理解を拒むバリアがあるような気がします。

もちろん、かつての不動産業界の悪いイメージが大きく厚い心理的障壁になっていることは否めません。ですが、それとともに「投資＝投機＝あぶく銭かせぎの小狡いビジネス」というような、完全に誤解に基づく古くて偏狭な思い込みがあるのではないかと思うことがあります。投資に関する教育は学校教育では大学でも学部によってはまったく行われていませんから、ある程度やむを得ないことではあります。諸外国では当たり前の投資のメリットが理解されず、低金利政策のなかで預貯金だけを頼りに生活設計をしていくことがどんどん困難になっていく現状を見過ごしてよいのかという思いを抱くこともあります。そこで、投資のリテラシーを少しでも高めて、不動産投資がどうご自分の人生に役立つのかを具体的に明らかにするお手伝いができないかと考えたのが本書執筆のきっかけです。

投資の世界や金融の世界は複雑で非常に厚みのある内容をもっていますから、一冊の本でその概要さえまとめることは困難ですし、私の任でもありません。ただワンルームマンション投資に関しては、他の誰も成し遂げていない新しいビジネスモデルを発展させつつあるという自負はあります。このビジネスモデルは過去の不動産業界の悪弊を解消し、悪いイメージをクリーンなイメージに転換するものです。だからこそ、弊社のビジネスモデルをサンプルにして、情報の隠蔽や歪曲のないワンルームマンション投資の実態を理解していただくことで、バランスシートで展開する不動産投資の仕組みが、まだ投資の経験のない一般の方にも正しくご理解いただけるのではないかと考えました。

コロナ禍により経済活動が停滞している現在、将来に不安を感じておられる方も多いと思います。しかしコロナ禍はいつか収束し、社会は完全に元通りにならなくとも経済は回復していくことでしょう。コロナ後の世界でどのように人生を過ごすのか、豊かな老後をどうつくるのか、今こそ真剣に考える好機ではないでしょうか。

本書冒頭にご登場いただいたフィスコの馬渕磨理子さんには、対談の機会を設けていただきたいへん感謝しております。また弊社の取り組みに経済アナリストとしてご理解をいただき非常に嬉しく思いました。読者の皆さまも同様に、心理的バリアを外して虚心坦懐にワンルームマンション投資に目を向けていただけたら幸いです。多くの方が弊社のファンとなっていただけることを心から願い、トラスティーパートナーズ株式会社が関わらせていただいたすべての方々のために、これからも共に働く仲間とともに弊社のミッションでもある「明日の笑顔をあなたとつくる」を念頭に、一つひとつ積み上げて参ります。

２０２１年11月　関野 大介

著者プロフィール

関野 大介（せきの だいすけ）

株式会社トラスティーパートナーズ 代表取締役社長

1985年12月、東京都大田区生まれ、神奈川県横浜市育ち。

2004年5月～2006年10月、クルーガーグループ株式会社にて営業職を経験したのち、2006年11月～2013年8月、プロパティエージェント株式会社にてアセットプランニング事業部事業部長を務める。

2013年9月にトラスティーパートナーズ株式会社を設立、代表取締役社長に就任。グループ会社のトラストコンサルティング株式会社の取締役会長を兼任、その他数社に出資し、経営に参画。

著書に『秘訣は不動産会社選びだった　ワンルームマンション投資の基本』がある。

https://trusty-partners.co.jp/

編集／土肥正弘
装幀／薄 良美

自己資金を抑えリスクは少なく
将来の安定収入を得るための不動産投資術

2021 年 12 月 22 日　初版第 1 刷発行

著　　者：関野大介
発 行 者：内田雅章
発 行 元：TC 出版
〒 104-0061　東京都中央区銀座 3-11-3 LEAGUE402
TEL　03(6278)8763 ／ FAX　03(6278)8769
発行発売元：有限会社万来舎
〒 102-0072　東京都千代田区飯田橋 2-1-4
九段セントラルビル 803
TEL　03(5212)4455
E-Mail letters @ banraisha.co.jp

印 刷 所：株式会社エーヴィスシステムズ

ISBN978-4-908493-51-5